LE RÉGIME
ANTI-CHOLESTÉROL

MYRETTE TIANO

LE RÉGIME
ANTI-CHOLESTÉROL

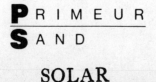

PRIMEUR
SAND

SOLAR

Dépôt légal:
1er trimestre 1986

ISBN 2-89357-009-7

I. INTRODUCTION

L'excès de cholestérol est la maladie du siècle

*C*ette phrase du professeur Jean-Luc de Gennes commentant les résultats des plus récents travaux américains confirme formellement le danger que représente l'augmentation du taux de cholestérol dans le sang. « C'est le premier risque d'accident cardio-vasculaire, avant le tabac et l'hypertension », ajoutait le professeur de Gennes, l'un de nos plus grands spécialistes, chef de service d'endocrinologie-métabolisme à l'hôpital de La Pitié-Salpêtrière.

Des chiffres qui font peur

Les maladies cardio-vasculaires constituent en France la première cause de mortalité : 40,2 % des hommes, 34 % des femmes. Devançant le cancer et les accidents de la route, ces maladies tuent en moyenne un Français sur trois. Et si plus de 200 000 personnes meurent chaque année de maladies cardio-vasculaires, plus de 2 millions de Français en sont atteints. Voilà pourquoi le cholestérol est l'ennemi n° 1 de notre santé. Ce sombre tableau s'éclaircit pourtant quand on sait qu'empêcher l'élévation du taux de cholestérol ou le faire baisser repose essentiellement sur un nouvel équilibre alimentaire.

Le régime anticholestérol

Un régime, certes, mais qui peut être très varié, l'essentiel étant la réduction de la consommation de l'ensemble des matières grasses et la suppression de certains aliments riches en cholestérol. Nous développerons largement ce sujet dans les chapitres suivants ; vous y trouverez également menus et recettes qui vous prouveront que régime et bonne cuisine s'accordent savoureusement.

Très important: conserver son poids idéal

Mais il ne suffit pas toujours de limiter le régime à ces deux points. La lutte contre le cholestérol passe aussi par la nécessité de rester à son poids idéal ou de le retrouver. Kilos en trop se combinent souvent avec un taux de cholestérol supérieur à la normale. Le régime doit donc tenir compte également d'une restriction de l'apport de calories et « faire d'une pierre deux coups » : apporter la minceur et supprimer les risques de maladies cardio-vasculaires.

Nous indiquons donc, pour toutes les recettes de ce livre, non seulement la teneur en cholestérol des aliments mais aussi leur nombre de calories.

II. QU'EST-CE QUE LE CHOLESTÉROL?

F aisons connaissance avec l'ennemi pour mieux le combattre. Sachez que tout le monde en a. C'est un lipide, c'est-à-dire une graisse, se présentant à l'état pur comme du savon liquide.

Constituant normal et indispensable de l'organisme, il sert à fabriquer certaines hormones et assure le renouvellement des cellules. Il circule dans le sang et se trouve dans la bile. Il est également fabriqué par le foie au cours de l'assimilation des aliments.

Un taux de cholestérol trop bas entraîne des troubles parfois graves, notamment neurologiques ou oculaires. Un taux de cholestérol trop élevé est responsable, on l'a vu, des accidents cardio-vasculaires.

Le taux à ne pas dépasser
- 180 mg entre 20 et 30 ans
- 200 mg à partir de 30 ans

Le taux cote d'alarme
- 185 mg au-dessous de 20 ans
- 220 mg entre 20 et 30 ans
- 240 mg à 30 ans et plus

Précisons qu'il s'agit là du cholestérol total qui recouvre deux variétés : le bon et le mauvais cholestérol.

Bon et mauvais : comment s'y retrouver ?

Le cholestérol ne circule pas librement dans le sang. Il est véhiculé par deux sortes de protéines : les HDL (de l'anglais *high density lipoproteins*) et les LDL (*low density lipoproteins*).

Les premières (HDL) captent le cholestérol en excès dans l'organisme et le transportent vers le foie qui le transforme et l'élimine dans la bile.

Les secondes (LDL) diffusent le cholestérol dans les cellules et en cas d'excès les déposent sur les parois artérielles, rétrécissant le diamètre des vaisseaux, allant parfois jusqu'à les boucher complètement. C'est ce que l'on appelle l'athérosclérose. Conséquences : mal irrigués ou privés de sang, des organes vitaux sont atteints : le cœur, et c'est alors l'infarctus, le cerveau, et c'est l'attaque. Quand les « dégâts » concernent la circulation dans les membres inférieurs, c'est l'artérite.

A partir du « travail » dans l'organisme de ces protéines, on définit le bon et le mauvais cholestérol :

- **le bon** (les médecins l'appellent HDLC) correspond à l'action des protéines HDL ; il est bénéfique et indispensable ;

- **le mauvais** (LDLC dans le langage médical) correspond à l'action des protéines LDL. On a vu qu'il est **un facteur de risques majeurs**.

D'où vient l'excès de cholestérol ?

Il peut avoir plusieurs causes, mais ses principales sources sont une alimentation chargée en produits riches en cholestérol (œufs, abats, crustacés, par exemple) et l'abus des graisses d'origine animale.

Parfois le cholestérol découle d'une autre affection : diabète sucré, disfonctionnement de la thyroïde, des reins, prises de certains types de pilules contraceptives à dosage trop élevé ou de diurétiques.

Que faut-il faire pour éviter d'avoir un taux de cholestérol trop élevé ?

Et, par conséquence éviter les risques de maladies cardio-vasculaires :

- **réduire l'apport calorique afin de conserver son poids idéal ;**
- **réduire la consommation de graisses totales de 40 % à 30 % des calories journalières ;**
- **réduire la consommation totale de graisses saturées** (visibles : beurre, saindoux, margarines sous emballage papier ; invisibles : charcuteries, viandes, fromages et laitages entiers) à moins de 10 % des calories journalières ;
- **augmenter la consommation de graisses polyinsaturées** (que l'on trouve essentiellement dans les huiles et margarines au tournesol, maïs, soja) à 10 % des calories. Ces graisses polyinsaturées riches en acides gras essentiels, dont le chef de file est l'acide linoléique (l'huile de tournesol en contient environ 70 % et la margarine au tournesol environ 40 %), aident à normaliser les taux de cholestérol ;
- **enfin réduire la consommation d'aliments contenant du cholestérol à 250/300 mg par jour.**

Pour les personnes ayant un taux élevé de cholestérol

Elles doivent absolument modifier leur régime alimentaire en réduisant les graisses saturées de 6 à 8 % de calories lipidiques journalières et *poursuivre* ce régime même en cas de prise de médicaments.

Guide de l'alimentation idéale

Manger :
moins de viandes rouges, choisir des morceaux et ne pas rajouter de graisses ;
davantage de poisson et de volaille, mais ne pas consommer la peau des volailles ;
peu ou pas du tout de charcuteries qui sont riches en graisses saturées et en cholestérol ;
consommer du lait écrémé, des yaourts et du fromage blanc écrémés ;
peu de glaces ;
moins de fromages à pâte molle ou à pâte dure, très riches en graisses ; leur préférer le fromage blanc et des fromages italiens comme la ricotta, la mozarella, le parmesan ;
moins de beurre, de margarine et d'huiles saturées et remplacer toutes les graisses animales par des margarines et des huiles végétales polyinsaturées (tournesol, maïs, soja).

Limiter :
les jaunes d'œufs à 2 à 4 par semaine, y compris ceux utilisés dans la cuisine ;
l'usage des sauces.

Eviter :
les plats cuisinés riches en graisses saturées.

III. QUESTIONS RÉPONSES

Le taux de cholestérol augmente-t-il avec l'âge ?
Oui, d'environ 15 mg par année pour atteindre 210 à 220 mg vers 60 ans.

La pomme est-elle vraiment un fruit miracle pour le cholestérol ?
Une expérience réalisée à Toulouse par les chercheurs de l'université Paul-Sabatier a montré que la consommation quotidienne de 450 g de pommes crues ou cuites fait baisser le taux de cholestérol de 14 %. Il semblerait que cette action soit due à la pectine que contient ce fruit. Mais il ne faut pas oublier que la pomme contient du sucre qui devra entrer dans le compte des calories en cas de régime combiné anticholestérol et antikilos.

La pilule contraceptive est-elle compatible avec un taux de cholestérol trop élevé ?
Oui, si elle comporte des œstrogènes.
Mais il existe des micropilules progestatives sans danger dans la plupart des cas.

Qu'appelle-t-on graisses saturées et graisses polyinsaturées ?
Les graisses saturées entraînent les plus fortes augmentations du cholestérol. Ce sont les graisses d'origine animale (beurre, saindoux) mais aussi certaines graisses d'origine végétale (huile de palme, de coco, margarines solides et Végétaline). Les graisses polyinsaturées, en revanche, sont de véritables médicaments anticholestérol. Les principales : huiles de tournesol, de maïs, de soja, sésame, pépins de

raisins, colza et les margarines fabriquées à partir de ces huiles.

La cuisson des graisses est-elle interdite ?
Non, à condition que la température de cuisson ne dépasse pas 170°. D'où l'intérêt de la friteuse électrique à thermostat qui permet de s'offrir sans danger le plaisir d'aliments frits, mais sans enrobage de pâte à frire qui, elle, contient des œufs.

Pendant combien de temps faut-il suivre le régime anticholestérol ?
Le régime, dans la plupart des cas, normalise le taux de cholestérol. Mais il faut refaire des analyses tous les 3 ou 6 mois pour s'assurer que l'excès de cholestérol ne se produit pas de nouveau.

Quelle est la proportion de cholestérol apportée par l'alimentation ?
1/3 environ, le reste est fabriqué par l'organisme.

Existe-t-il des signes apparents de l'excès de cholestérol ?
Oui, chez certaines personnes, des taches jaunâtres sur les paupières et à la racine du nez.

A-t-on des douleurs ?
Parfois, aux chevilles, des douleurs qui ressemblent à celles provoquées par les rhumatismes. Migraines et vertiges accompagnent souvent un taux excessif de cholestérol.

Le tabac est-il interdit ?
En tout cas déconseillé depuis que les travaux d'un chercheur français ont mis en évidence que, chez les fumeurs, le mauvais cholestérol se dépose plus facilement sur les parois des artères et des vaisseaux.

Le sport favorise-t-il une diminution du taux de cholestérol ?
Oui, grâce à une meilleure oxygénation des tissus provoquée par l'effort physique. Sont recommandés les sports pratiqués en douceur, jogging, natation, vélo.

L'excès de cholestérol est-il héréditaire ?
Des statistiques américaines prouvent qu'aux Etats-Unis 1 bébé sur 500 a, dès sa naissance, un excès de cholestérol

important. Ils appartiennent à des familles dites « à risques », c'est-à-dire où l'un des deux parents, une sœur ou un frère souffrent de la maladie. Les spécialistes recommandent un dépistage systématique entre 2 à 10 ans chez les enfants de telles familles. Dépistés à temps et correctement suivis, affirme le professeur Jean-Luc de Gennes, ces jeunes gens peuvent avoir un parcours de vie tout à fait normal.

Peut-on boire de l'alcool ?

Modérément et seulement du vin ou de la bière, 1/2 litre de vin par jour ou 3 verres de bière augmentent la quantité de bon cholestérol. Mais au-delà l'effet contraire se produit.

Peut-on consommer du gibier ?

Il contient moins de graisse que la viande rouge. Donc à mettre de temps en temps à vos menus, mais dans la mesure où il n'est pas cuisiné avec des sauces riches en corps gras animaux et en alcool.

Qu'appelle-t-on les graisses cachées ?

Quand vous consommez un morceau de viande dite « maigre », faux-filet ou romsteck par exemple, sachez qu'il contient 20 g de lipides pour 100 g. La viande de cheval contient 10 fois moins de lipides que le bœuf. C'est donc celle que l'on devrait consommer le plus souvent. Le veau contient 10 g de lipides pour 100 g, le porc maigre 40 g de lipides pour 100 g. Le mouton et l'agneau 20 g de lipides pour 100 g. Quant aux volailles, leurs teneurs en lipides sont à peu près équivalentes à celles du bœuf (à l'exception de l'oie qui, elle, est deux fois plus grasse).

Peut-on manger du pain dans le régime anticholestérol ?

Oui, à l'exception des pains au lait et viennois, les autres ne contiennent absolument pas de cholestérol. Donc vous pouvez consommer pain blanc, pain de campagne, de seigle, complet.

Le thé et le café sont-ils autorisés ?

Le thé en quantité raisonnable, mais mieux vaut supprimer le café.

Existe-t-il des stations thermales bénéfiques ?

Vichy (Allier), Vittel (Vosges), Saint-Aré-Decize (Nièvre), Molitg-les-Bains (Pyrénées-Orientales), Bains-les-Bains (Vosges).

Que révèle l'analyse du sang ?

Toujours pratiquée à jeun, elle indique le taux total de cholestérol et dans la plupart des cas précise les taux de bon et de mauvais cholestérol. Au-dessus de la normale, le régime s'impose. Dans les cas très graves (4 à 5 g), il faut avoir recours, outre une diététique sévère, à un traitement par médicaments.

L'analyse indique généralement le taux de triglycérides. Les graisses que nous consommons sont constituées d'environ 98 % de triglycérides, apportées par les graisses d'origine animale. C'est donc l'indication d'un régime trop riche en matières grasses non végétales et les indications diététiques sont les mêmes que pour l'excès de cholestérol. On considère comme limite supérieure à la normale de triglycérides 1,10 g chez la femme et 1,30 g chez l'homme.

IV. 107 MENUS
ANTI-CHOLESTÉROL

*L*a teneur en cholestérol indiquée pour chaque menu correspond à des quantités pour une personne.

Calculez bien vos deux menus de la journée. Si vous vous offrez, par exemple, le plaisir d'un poulet à l'ail à 276 milligrammes de cholestérol, ne mangez à l'autre repas de la journée que des plats à 0 %. Ils sont nombreux parmi les recettes de ce livre.

Enfin, n'oubliez pas de compter le petit déjeuner : % de cholestérol avec pain, confiture, miel, fruits, thé, café, chocolat en poudre soluble, mais si vous tartinez votre pain avec 20 grammes de beurre, cela fait 50 milligrammes de cholestérol. Quant au lait demi-écrémé, il représente 9 milligrammes de cholestérol pour 100 grammes et le lait écrémé 3 milligrammes seulement pour 100 grammes.

107 menus à cholestérol compté

pour ne pas dépasser la cote d'alerte des 300 milligrammes
de consommation quotidienne

(Chiffres arrondis à l'unité supérieure)

Potage au cresson et aux
  vermicelles
Cabillaud Marie-Joseph
Champignons à l'ail
Ananas aux fraises des bois
          Total : 88 mg

Potage au curry
Truites en papillotes
Carottes et pommes de terre
  nouvelles à la vapeur
Sorbet aux fruits
          Total : 137,50 mg

Salade verte et rouge
Merlans à l'orange en
  papillotes
Tomates au gratin
Poires Sylvia
          Total : 137,50 mg

Soupe forestière
Truites au safran
Aubergines à la sicilienne
Ananas en salade
          Total : 148 mg

Potage à la génoise
Filets de merlan Manon
Petites courgettes à la vapeur
  saupoudrées de cerfeuil
  haché
Pamplemousses au miel
          Total : 140 mg

Soupe à l'arlésienne
Filets de saumon à la
  florentine
Fromage blanc maigre
Marmelade de pommes
          Total : 75 mg

Soupe portugaise
Saumon à l'orientale
Epinards en branches à
  l'étouffée
Crème aux abricots
        Total : 106,5 mg

Pommes de terre en salade au
  raifort
Feuilles de chou farcies
40 g de saint-marcellin
Compote de pêches
        Total : 80 mg

Bouillon minute
Thon cru à la ciboulette
Macédoine de printemps
Compote Charlotte
        Total : 115 mg

Potage glacé au concombre
Filets de merlan à l'estragon
Bohémienne
Pommes en papillotes
        Total : 148 mg

Salade mixte tomates, laitue,
  maïs
150 g d'entrecôte grillée
Haricots verts avec 20 g de
  beurre
Fraises
        Total : 104 mg

Salade de coquillettes
Fonds d'artichaut cuits,
  coupés en lamelles et
  légèrement dorés à l'huile
50 g de Pont-L'Evêque
Pommes
        Total : 51 mg

Chou cru à la menthe
Dorade au thym
Pommes vapeur
Ananas
        Total : 88 mg

Chou à la normande
Cabillaud au vin blanc
Petits pois à l'étouffée
Pain d'épices
        Total : 150 mg

Asperges à l'italienne
150 g de roussette cuite au
  four sur un lit d'oignons
Oranges au sirop
        Total : 95 mg

Potage au tapioca
  avec 10 g de beurre
Bœuf en languettes
Pêches à la groseille
        Total : 125 mg

Potage Saint-Germain
Rumsteck au raifort
Yaourt à 0 % de mat. grasses
        Total : 179 mg

Bœuf à la ficelle
Pommes de terre en salade au
  raifort
Crème aux abricots
        Total : 172,50 mg

Potage au curry
Bœuf aux légumes croquants
Pommes en papillotes
        Total : 136,50 mg

Salade à l'alsacienne
Bœuf à l'étouffée
Bananes gratinées
           Total : 136,50 mg

Salade verte et rouge
Bœuf à l'anglaise
Couscous du sultan
Poires
           Total : 160 mg

Assortiment de crudités sauce
   salade
Bœuf à la ficelle
Pommes vapeur persillées
Purée de marrons
           Total : 171 mg

---

60 g d'anchois en conserve
100 g de boudin grillé
Purée de pommes de terre au
   lait écrémé
Ananas
           Total : 148 mg

---

50 g de rillettes
Bœuf en languettes
Macaronis avec la sauce du
   bœuf
Pommes cuites au four
           Total : 150 mg

Tomates à la croque au sel
Saumon à l'orientale
Riz créole
Brioche et gelée de groseille
           Total : 100 mg

Potage aux six légumes
Galette de viande
Salade verte et rouge
Framboises au sucre
           Total : 117 mg

Raviolis sauce tomate en
   conserve
120 g de filet de bœuf grillé
Mousseline d'oignons
Salade de fruits
           Total : 80 mg

Salade de haricots blancs
   avec ail et oignons
100 g de saucisses de
   Strasbourg
Purée de pommes de terre
   au lait écrémé
Pêches au sirop
           Total : 160 mg

Fonds d'artichaut au curcuma
Bœuf à l'espagnole
Sorbet aux fruits
           Total : 82 mg

Crème d'endives
Bœuf aux haricots à la
   mexicaine
Poires Sylvia
           Total : 82 mg

Salade Mistral
Bœuf au paprika
Pruneaux à l'orange
           Total : 136,50 mg

Chou à la normande
Paupiettes aux échalotes
Yaourt à 0 % de matières
   grasses
           Total : 114 mg

Salade d'endives et de
   betteraves
Pot-au-feu maigre
Compote Charlotte
           Total : 182 mg

Potage julienne
80 g de jambon
Champignons en salade
Crème à la marmelade de
  pommes
                   Total : 89 mg

Potage Ramita
Mousseline d'oignons
Gâteau aux pommes
                   Total : 30 mg

Soupe aux tomates et au
  poivron
Cabillaud au four
Pommes vapeur
Poires
                   Total : 44 mg

Fonds d'artichaut à la Fanchon
Brochettes de sole et de
  limande
Riz créole
Bananes au sucre roux
                   Total : 75 mg

Consommé au tapioca
Filets de merlan au fromage
  blanc
Poireaux vinaigrette
Oranges
                   Total : 113 mg

Poireaux vinaigrette
Galette de viande
Côtes de bettes à la
  provençale
Cerises
                   Total : 117 mg

Asperges vinaigrette
Bœuf à l'espagnole

Gratin aux champignons
Compote de pommes
                   Total : 83 mg

Côtes de céleri crues et
  fromage maigre aux fines
  herbes
Bœuf Suzon
Bohémienne
Couscous du sultan
Salade de fruits
                   Total : 98 mg

Macédoine de printemps
Poulet sauce piquante
Riz créole
Fraises
                   Total : 137 mg

Dôme de riz en gelée
120 g de steak de cheval haché
Laitue vinaigrette
Pommes
                   Total : 159 mg

Oignons Monaco
Morue au four
Salade de fruits au sirop
                   Total : 63 mg

Salade de betteraves
Poulet aux aubergines
Laitues à l'étouffée
Compote de cerises
                   Total : 280 mg

Côtes de bettes à la provençale
Romsteck à la tartare
Yaourt maigre
Framboises
                   Total : 114 mg

21

Salade bulgare
Filets de dinde aux choux
Poires

Total : 147,50 mg

Lamelles de fenouil cru sauce
  aux herbes
Pilaf de la fermière
Pommes

Total : 135 mg

Melon glacé
Bitokes à la russe
Fromage blanc maigre et
  confiture

Total : 136,50 mg

Salade de tomates
Poulet poché printanière
Fraises au sucre

Total : 136,50 mg

Potage julienne
Poulet en estouffade
Œufs surprise

Total : 139,50 mg

---

100 g de thon à l'huile
100 g de veau maigre haché
  cuit en croquettes à la poêle
  antiadhésive
Gaufrettes et confiture

Total : 209 mg

Avocat
200 g de filets de sole pochés
Courgettes à la vapeur
Compote de pêches et
  d'abricots

Total : 160 mg

Salade d'endives et de
  betteraves
200 g de lapin à la moutarde
  cuit en papillotes
Panaché de haricots verts et
  blancs
Pommes

Total : 182 mg

Salade de chou-fleur
120 g de roussette au
  court-bouillon
Nouillettes avec 20 g de
  beurre
Purée de marrons

Total : 122 mg

Melon et 80 g de jambon fumé
1 limande de 200 g cuite au
  four en papillote
Abricots au sirop

Total : 150 mg

Consommé au tapioca
Bœuf Suzon
Fromage blanc aux fruits

Total : 101 mg

Laitue au fromage blanc
Croquettes alsaciennes
Pruneaux à l'orange

Total : 118,50 mg

Steak au raifort
Mousseline d'oignons
Oranges Moréa

Total : 164 mg

Macédoine de crudités
Lapin aux cerises
Pain d'épices

Total : 136,50 mg

Artichauts sauce Marie
Tournedos à la dijonnaise
Gâteau aux pommes
Total : 81,25 mg

Asperges au paprika
Poisson Véronique
Riz créole avec 20 g de
  beurre
Prunes
Total : 139,50 mg

Potage vert
150 g de filet haché cru avec
  câpres et persil haché
Pommes chips
50 g de roquefort
Raisin
Total : 142 mg

Soupe flamande
Fonds d'artichaut à la niçoise
Yaourt à 0 % de matières
  grasses
Fraises et framboises
Total : 100 mg

Soupe piémontaise
Roussette au persil
Chou-fleur aux noisettes
Pommes au four en papillotes
Total : 120 mg

Soupe dauphinoise
Choux de Bruxelles à l'étouffée
  avec 100 g de saucisses de
  Francfort
Dattes
Total : 111,25 mg

Confit de carottes
Filet à l'ail

Pommes de terre au four en
  papillotes
Pain d'épices
Total : 82 mg

Fenouil à la marocaine
150 g de faux-filet grillé
Petits pois et pommes nouvelles
  à l'étouffée
Noisettes
Total : 136,50 mg

Salade d'oignons crus
1 tranche de 150 g de gigot
  grillé
Bohémienne
Brioche et confiture
Total : 117 mg

Fonds d'artichaut vinaigrette
100 g de petit salé aux
  lentilles
Poires
Total : 100 mg

Crudités à la croque au sel
150 g de saucisses de Francfort
Pommes chips
Dattes
Total : 150 mg

Bouillon marocain
Brochettes de poulet au citron
Salade de laitue
Raisin
Total : 136,50 mg

Fenouil aux herbes
Poulet sauce piquante
Gâteau aux pommes
Total : 137 mg

Canapés aux champignons crus
Poulet mariné
Tomates grillées
Raisin
Total : 138 mg

Salade de haricots verts aux tomates
Morue au four
Fraises au sucre
Total : 66 mg

Thon tartare
Macédoine de légumes
Gâteau aux pommes
Total : 82,50 mg

Poisson au melon
Raviolis à la sauce tomate (en conserve)
50 g de camembert
Pain d'épices
Total : 151 mg

Carottes râpées au jus de citron
Filets de turbot rôtis
Nouilles avec 25 g de beurre
50 g de fromage de chèvre
Confiture et gaufrettes
Total : 170 mg

Salade de tomates et d'olives vertes
Morue à la moutarde
Crème glacée à la vanille et brioche
Total : 75 mg

Choucroute
100 g de saucisses de Francfort
Pommes vapeur

---

50 g de munster au cumin
Pommes
Total : 145,50 mg

Champignons à l'ail
100 g de boudin grillé
Purée de pommes de terre au lait écrémé
Fromage blanc à 0 % de matières grasses battu avec de la confiture
Total : 103 mg

Champignons sauce rose
250 g de poule bouillie
Riz créole
Poires aux amandes
Total : 187,50 mg

Céleri aux herbes
200 g de filets de limande pochés
Pommes vapeur
Délice ardéchois
Total : 150 mg

Radis roses
Spaghettis assaisonnés à l'ail et à l'huile d'olive + 100 g de jambon fumé coupé en dés
Pêches à la groseille
Total : 62 mg

Canapés au fromage blanc
150 g de faux-filet grillé
Petits pois au naturel et pommes chips
Mousse de poires
Total : 138 mg

Salade bulgare
Filet à l'ail

Choux de Bruxelles à l'étouffée
Œufs surprise
Total : 82 mg

Potage au cresson et aux
   vermicelles
200 g de thon frais grillé
Salade à l'alsacienne
Ananas au sirop
Total : 110 mg

Crème de potiron
Romsteck à la tartare
Pommes chips
Raisin
Total : 129 mg

Salade San-Francisco
Bœuf aux haricots à la
   mexicaine
Crème à la marmelade de
   pommes
Total : 82 mg

Salade Myriam
Assiette de bœuf au basilic
Pommes vapeur persillées
Ananas aux fraises des bois
Total : 95 mg

Chou à la normande
Bœuf en languettes
Pamplemousse au miel
Total : 98 mg

Potage julienne
Salade de coquillettes
Glace à la menthe
Total : 28 mg

Salade de laitue au fromage
   blanc
Lapin à la moutarde
Pommes vapeur
Ananas
Total : 141,50 mg

Soupe au cabillaud
50 g de jambon fumé
Haricots blancs cuits à l'eau
   aromatisés d'ail, oignon et
   bouquet garni
Glace à la menthe
Total : 119 mg

Salade exotique
150 g de cabillaud pané
Coquillettes avec 25 g de
   beurre
Purée de marrons
Total : 177,50 mg

Salade de haricots verts à la
   tomate
100 g de faux-filet grillé
Chou-fleur
Pruneaux à l'orange
Total : 91 mg

Potage au poulet et aux
   légumes
Haricots blancs en salade
50 g de saint-marcellin
Melon aux framboises
Total : 136,50 mg

Salade de maïs
Merlans en gelée
Pommes vapeur persillées
Fromage blanc maigre battu
   avec du chocolat soluble
   instantané
Total : 99,30 mg

Fonds d'artichaut à la niçoise
Croquettes de bœuf aux
  champignons
Salade verte
Figues
        Total : 136,50 mg

Melon
Bœuf Suzon
Légumes à la Finette
Pruneaux
        Total : 98 mg

Artichauts diablotins
Faux-filet Mistral
Pommes chips
Compote de Prunes
        Total : 159,30 mg

Potage vert
Roussette à la vinaigrette
Macédoine de légumes
Pain d'épices
        Total : 105 mg

Salade verte et rouge
150 g de filets de sole pochés

Bohémienne et pommes à l'eau
Crème à la marmelade de
  pommes
        Total : 75 mg

Salade San Francisco
150 g de filets de dinde cuits
  à la vapeur
Haricots verts
Salade de fruits au yaourt
        Total : 135 mg

Champignons sauce rose
Blancs de poulet pochés
  printanière
Mousse de poires
        Total : 137 mg

Potage aux six légumes
Hachis à la milanaise
Poires aux amandes
        Total : 98 mg

Soupe à l'arlésienne
Poulet en salade au yaourt
Pommes
        Total : 182 mg

7 petits déjeuners à 0 %
de cholestérol

Pour chaque jour de la semaine un petit déjeuner bien
équilibré et agréablement composé

Café léger ou chicorée avec
  sucre
Pain
Confiture
Lait écrémé
Pommes

1 verre de lait écrémé sucré
Chocolat en poudre soluble
  instantané
Pain grillé
Miel
Pamplemousse

Thé léger sucré
Muesli
Gaufrettes et confiture

Chicorée avec sucre
Corn-flakes
Compote de fruits
Biscuits à la cuillère

Jus de carotte
Café au lait écrémé avec sucre
Pain de seigle et confiture

Tonimalt
Pain d'épices
Abricots au sirop

Thé léger avec sucre
Jus d'orange
Fromage blanc à 0 % de
    matières grasses battu avec
    de la confiture.
Compote de pommes

V. 190 RECETTES ANTI-CHOLESTÉROL

Hors-d'œuvre, potages et entrées

ARTICHAUTS AU CURCUMA

Cholestérol : 0,5 mg par personne
Calories : 114 par personne

POUR 2 PERSONNES :	CHOL.	CAL.
2 fonds d'artichaut cuits ;	0	40
1/2 botte de menthe fraîche ;	0	0,55
1/2 botte de persil ;	0	0,55
1 blanc de poireau ;	0	21
1 pincée de curcuma ;	0	0
2 cuillerées à soupe de lait écrémé ;	0,09	9,50
1 biscotte ;	0	78
1 cuillérée à soupe de chapelure ;	0	78
sel et poivre.	0	0
	0,09	227,60

■ Faites tremper la biscotte dans le lait ■ Emincez le blanc de poireau, hachez le persil et la menthe. Faites revenir ensemble dans la poêle à revêtement anti-adhésif et laissez cuire sur feu doux 15 minutes à couvert ■ Versez le hachis de verdure dans un bol. Ajoutez l'œuf, la biscotte trempée

dans le lait et le curcuma ; salez et poivrez ■ Placez les
fonds d'artichaut dans un plat à four et garnissez-les copieu-
sement de cette préparation. Saupoudrez de chapelure et
mettez au four moyen (thermostat 6) pendant 15 minutes.

Pour ceux qui ne suivent pas de régime : Mêler à la farce
un jaune d'œuf.

ARTICHAUTS
SAUCE MARIE

Cholestérol : 1 mg par personne
Calories : 54 par personne

POUR 2 PERSONNES :	CHOL.	CAL.
2 artichauts ;	0	80
60 g de fromage blanc à 0 % de matières grasses ;	2	26,40
1 cuillerée à soupe de ketchup ;	0	0,55
quelques gouttes de tabasco (sauce forte au piment) ;	0	0
poivre du moulin, très peu de sel.	0	0
	0	106,95

■ Lavez soigneusement les artichauts. Coupez l'extrémité
des feuilles pour obtenir des bords bien nets. Mettez à
cuire 20 à 25 minutes, à l'eau bouillante salée. Egouttez-les
aussitôt cuits et laissez refroidir ■ Mélangez le fromage
blanc, le ketchup, le tabasco, du sel et du poivre ■ Otez
le foin des artichauts ainsi que la plupart des feuilles, pour
n'en laisser qu'une couronne tout autour. Versez la sauce à
l'intérieur des artichauts. Servez froid.

Pour ceux qui ne suivent pas de régime : Mettre un œuf
poché sur le fond d'artichaut avant de verser la sauce.

ASPERGES
A L'ITALIENNE

Cholestérol : 4,80 mg par personne
Calories : 117 par personne

POUR 2 PERSONNES :	CHOL.	CAL.
750 g d'asperges vertes ;	0	195
1 cuillerée à soupe de parmesan ;	9,50	39,30
1 pincée de poudre de thym ;	0	0
Sel.	0	0
	9,50	234,30

■ Grattez et lavez les asperges. Faites-les cuire à l'eau bouillante salée 15 minutes ■ Egouttez-les à fond sur un linge. Mettez-les dans un plat allant au four ■ Saupoudrez de poudre de thym et de parmesan. Mettez à four chaud 10 minutes.

Pour ceux qui ne suivent pas de régime : Accompagner de beurre fondu, salé et poivré.

ASPERGES
AU PAPRIKA

Cholestérol : 1,50 mg par personne
Calories : 120 par personne

POUR 2 PERSONNES :	CHOL.	CAL.
750 g d'asperges ;	0	195
100 g de fromage blanc à 0 % de matières grasses ;	3	44
1/2 cuillerée à café de paprika en poudre ;	0	0
Sel.	0	0
	3	239

■ Grattez les asperges. Faites-les cuire 25 minutes à l'eau bouillante. Egouttez-les et posez-les sur un linge ■ Battez ensemble le fromage blanc et le paprika. ■ Servez les asperges froides ou tièdes avec cette sauce.

Pour ceux qui ne suivent pas de régime : Une sauce au paprika, également, mais à base de crème.

BOUILLON MAROCAIN

Cholestérol : 0
Calories : 37,50 par personne

POUR 2 PERSONNES :	CHOL.	CAL.
1 cube de bouillon de volaille ;	pratiquement nul	
6 gousses d'ail ;	0	0
1 pincée de safran ;	0	0
2 petites branches de thym ;	0	0
2 cuillerée à soupe de tapioca.	0	75
	0	75

■ Faites chauffer 3/4 de litre d'eau contenant le cube de bouillon (ne salez pas) ■ Epluchez les gousses d'ail, écrasez-les sous la lame d'un couteau, jetez-les dans le bouillon en ébullition ■ Jetez également dans le bouillon les branchettes de thym et le safran. Laissez bouillonner 1 ou 2 minutes. Enlevez le thym avec une écumoire ■ Versez le tapioca. Laissez cuire 7 à 8 minutes. Servez très chaud.

Pour ceux qui ne suivent pas de régime : Ajoutez du fromage râpé.

BOUILLON MINUTE

Cholestérol : 33 mg par personne
Calories : 130 par personne

POUR 2 PERSONNES :	CHOL.	CAL.
1 tablette de concentré de bouillon végétal ;	0	0
200 g de betterave rouge cuite ;	0	80
100 g de bœuf maigre haché ;	65	158
1/2 citron ;	0	21,50
Poivre.	0	0
	65	259,50

■ Faites chauffer 3/4 de litre d'eau ■ Hachez la betterave grossièrement. Jetez-la dans l'eau en ébullition ainsi que la viande bien émiettée. Attendez 2 minutes, puis ajoutez le jus de citron et le concentré. Poivrez (inutile de saler) ■ Servez dans des tasses.

Pour ceux qui ne suivent pas de régime : Ajouter au moment de servir de la crème fraîche.

CANAPÉS AU CRESSON ET AUX RADIS

Cholestérol : 1,50 par personne
Calories : 158 par personne

POUR 2 PERSONNES :	CHOL.	CAL.
4 tranches rectangulaires de pain complet ;	0	230
1/2 botte de cresson ;	0	21
6 radis roses ;	0	20
100 g de fromage blanc à 0 % de matières grasses.	3	44
	3	315

■ Nettoyez le cresson, lavez-le, égouttez-le, coupez les feuilles aux ciseaux en fines lanières ■ Nettoyez les radis, lavez-les, coupez-les en rondelles ■ Mélangez le fromage blanc et le cresson ■ Tartinez les tranches de pain d'une couche de ce mélange ■ Rangez les tranches de radis tout autour du canapé en les faisant se chevaucher.

Poux ceux qui ne suivent pas de régime : Beurrer les tranches de pain.

CANAPÉS AU FROMAGE BLANC

Cholestérol : 1,50 par personne
Calories : 144 par personne

POUR 2 PERSONNES :	CHOL.	CAL.
4 tranches rectangulaires de pain complet ;	0	230

	CHOL.	CAL.
100 g de fromage blanc à 0 % de matières grasses ;	3	44
1 bouquet de fines herbes (persil, cerfeuil, estragon, ciboulette) ;	0	0,55
2 gros cornichons.	0	13
	3	287,55

■ Hachez les fines herbes ■ Dans un saladier, mettez le fromage blanc et les herbes hachées. Mélangez bien à la fourchette ■ Tartinez les tranches de pain d'une épaisse couche de ce fromage aux herbes ■ Coupez les cornichons en rondelles et mettez-en sur chaque canapé.

Pour ceux qui ne suivent pas de régime : Mêler au fromage des dés de hareng mariné.

CANAPÉS AUX CHAMPIGNONS CRUS

Cholestérol : 1,50 par personne
Calories : 178 par personne

POUR 2 PERSONNES :	CHOL.	CAL.
4 tranches rectangulaires de pain complet ;	0	230
100 g de fromage blanc à 0 % de matières grasses ;	3	44
125 g de champignons de Paris ;	0	40
1 citron ;	0	43
Poivre.	0	0
	3	357

■ Coupez le pied terreux des champignons, lavez-les, essuyez-les et coupez-les en lamelles ■ Pressez le citron et arrosez les champignons de son jus ; poivrez ■ Faites griller les tranches de pain de chaque côté au gril du four et laissez-les refroidir sur une serviette ■ Tartinez le pain d'une couche de fromage blanc ■ Garnissez de lamelles de champignons.

Pour ceux qui ne suivent pas de régime : Remplacer le fromage blanc par de la mayonnaise.

CÉLERI AUX HERBES

Cholestérol : 1,50 par personne
Calories : 45 par personne

POUR 2 PERSONNES :	CHOL.	CAL.
1 pied de céleri ;	0	44
100 g de fromage blanc à 0 % de matières grasses ;	3	44
1 cuillerée à soupe de fines herbes hachées ;	0	0,55
Sel.	0	0
	3	88,55

■ Nettoyez le pied de céleri ; coupez-le en huit dans le sens de la longueur ■ Battez le fromage blanc avec le sel et les fines herbes hachées ■ Servez le céleri cru avec cette sauce.

Pour ceux qui ne suivent pas de régime : Mêler au fromage blanc des dés de hareng mariné.

CHAMPIGNONS A L'AIL

Cholestérol : 1,50 par personne
Calories : 108 par personne

POUR 2 PERSONNES :	CHOL.	CAL.
300 g de champignons de Paris ;	0	96
3 gousses d'ail ;	0	0
2 citrons ;	0	86
100 g de fromage blanc à 0 % de matières grasses ;	3	35,20
Sel, poivre.	0	0
	3	217,20

■ Nettoyez les champignons. Coupez-les en fines lamelles ■ Dans un saladier, mettez le fromage blanc et le jus des citrons. Salez, poivrez. Battez avec une fourchette ■ Ajoutez les champignons et les gousses d'ail finement hachées. Mélangez bien le tout ■ Servez frais.

Pour ceux qui ne suivent pas de régime : Garnir de tranches de bacon rissolées au beurre.

CHAMPIGNONS
SAUCE ROSE

Cholestérol : 0
Calories :- 77 par personne

POUR 2 PERSONNES :	CHOL.	CAL.
300 g de champignons de Paris ;	0	96
1/2 citron ;	0	21,50
1 cuillerée à soupe de persil haché ;	0	0,55
1 cuillerée à soupe de ketchup ;	0	0,55
3 cuillerées à soupe de fromage blanc à 0 % de matières grasses ;	traces	35,20
Sel.	0	0
	0	153,20

■ Nettoyez et lavez les champignons. Coupez-les en lamelles. Arrosez-les de jus de citron ■ Mélangez le ketchup et le fromage blanc. Salez légèrement ■ Versez cette sauce sur les champignons. Laissez macérer au moins 1 heure en remuant de temps à autre ■ Servez saupoudré de persil haché.

Pour ceux qui ne suivent pas de régime : Mélanger à de la chair de crabe (en boîte).

CHOU A LA MENTHE

Cholestérol : 0
Calories : 60 par personne

POUR 2 PERSONNES :	CHOL.	CAL.
1/2 chou blanc moyen ;	0	28
1 dizaine de feuilles de menthe fraîche ;	0	0,55
2 cuillerées à soupe de vinaigre de cidre ;	0	0
1 cuillerée à soupe d'huile de maïs ;	0	90
Sel.	0	0
	0	118,55

■ Râpez finement le chou après avoir ôté les grosses côtes. Mettez-le dans une terrine. Salez et arrosez de vinaigre. Laissez dégorger pendant deux heures. Egouttez le chou ■ Coupez les feuilles de menthe avec des ciseaux ■ Dans un saladier, préparez la sauce en mélangeant l'huile, le vinaigre et le sel. Ajoutez le chou râpé. Parsemez de menthe. Remuez le tout et servez aussitôt.

Pour ceux qui ne suivent pas de régime : Mêler à la salade des olives noires.

CHOU A LA NORMANDE

Cholestérol : 0
Calories : 174 par personne

POUR 2 PERSONNES :	CHOL.	CAL.
400 g de chou vert ;	0	112
250 g de pommes ;	0	225
1/4 de citron ;	0	10,75
1 petite pincée de noix muscade râpée ;	0	0
1 clou de girofle ;	0	0
Sel.	0	0
	0	347,75

■ Lavez le chou. Emincez-le en très fines lamelles ■ Pelez les pommes ; coupez chacune en huit morceaux. ■ Mettez le chou et les pommes dans une cocotte, sur feu moyen ; ajoutez un demi-verre d'eau, le jus du citron, le clou de girofle, la muscade, du sel. Couvrez la cocotte et laissez cuire doucement pendant 35 minutes ■ Servez bien chaud.

Pour ceux qui ne suivent pas de régime : Servir avec des chipolatas poêlées au beurre.

CHOU ROUGE AUX POMMES

Cholestérol : 0
Calories : 88 par personne

POUR 2 PERSONNES :	CHOL.	CAL.
1/2 chou rouge ;	0	76
1 pomme ;	0	52

	CHOL.	CAL.
100 g d'oignons ;	0	47
2 gousses d'ail ;	0	0
1 cuillerée à soupe de vinaigre ;	0	0
1 pincée de noix muscade râpée ;	0	0
1 pincée de cannelle en poudre ;	0	0
1 pincée de thym en poudre ;	0	0
1 pincée des quatre-épices en poudre ;	0	0
Sel.	0	0
	0	175

■ Lavez le chou. Hachez-le grossièrement ■ Pelez et épépinez la pomme. Coupez-la en huit quartiers ■ Pelez les oignons. Emincez-les finement ■ Pelez les gousses d'ail. Hachez-les ■ Dans une cocotte, mettez la moitié du chou ; posez dessus les quartiers de pomme et les oignons ; saupoudrez avec le hachis d'ail et les divers aromates. Recouvrez avec le restant du chou. Mouillez avec un verre d'eau bouillante ■ Faites fondre le sel dans le vinaigre. Ajoutez-le dans la cocotte ■ Faites cuire sur feu doux dans la cocotte fermée pendant 1 heure. Servez bien chaud.

Pour ceux qui ne suivent pas de régime : Servir avec des saucisses poêlées.

CONFIT DE CAROTTES

Cholestérol : 0
Calories : 149 par personne

POUR 2 PERSONNES :	CHOL.	CAL.
400 g de carottes nouvelles ;	0	168
2 gousses d'ail ;	0	0
3 citrons ;	0	129
3 grains de coriandre ;	0	0
1 feuille de laurier ;	0	0
1 branchette de thym ;	0	0
1 cuillerée à café de cumin ;	0	0
6 branches de persil ;	0	0,55
Sel.	0	0
	0	297,55

■ Grattez les carottes. Coupez-les en quatre dans le sens de la longueur. Mettez-les dans une cocotte avec les gousses d'ail, toutes les herbes (sauf le persil), les aromates et du sel. Arrosez avec le jus des citrons. Ajoutez de l'eau pour que le liquide couvre tout juste les légumes ■ Placez la cocotte sur feu doux sans la couvrir. Au bout de 15 minutes de cuisson mettez le couvercle et laissez cuire doucement 1 heure 15 minutes ■ Servez froid saupoudré de persil haché.

Pour ceux qui ne suivent pas de régime : Accompagner d'olives et de filets d'anchois.

CONSOMMÉ AU TAPIOCA

Cholestérol : 0
Calories : 94 par personne

POUR 2 PERSONNES :	CHOL.	CAL.
1 cube de concentré de bouillon végétal ;	0	0
50 g de tapioca ;	0	188
1 cuillerée à soupe de cerfeuil haché.	0	0,55
	0	188,55

■ Faites chauffer 3/4 de litre d'eau bouillante contenant le cube de concentré. Couvrez la casserole ■ Dès que le bouillon commence à bouillir, versez-y en pluie le tapioca et laissez cuire pendant 5 minutes ■ Servez saupoudré de cerfeuil.

Pour ceux qui ne suivent pas de régime : Mettre dans le consommé des dés de pain de mie dorés au beurre.

CRÈME D'ASPERGES

Cholestérol : 0
Calories : 115 par personne

POUR 2 PERSONNES :	CHOL.	CAL.
50 g de riz ;	0	172
200 g d'asperges ;	0	51

	traces	8
1/2 verre de lait écrémé ;		
Sel, poivre.	0	0
	0	231

■ Grattez les asperges et coupez-les en morceaux. Faites-les cuire pendant 5 minutes dans 3/4 de litre d'eau bouillante salée mélangée avec le lait ■ Ajoutez le riz et laissez cuire sur feu doux pendant 35 minutes après avoir couvert la casserole ■ Au bout de ces 35 minutes de cuisson, passez le potage à la moulinette fine de façon à obtenir une crème onctueuse et assez liquide.

Pour ceux qui ne suivent pas de régime : Dans un bol, mélanger 1 jaune d'œuf et de la crème fraîche. Délayer peu à peu avec du potage bouillant, sans cesser de tourner, puis verser. le contenu du bol dans le potage. Poivrer et servir aussitôt.

CRÈME D'ENDIVES

Cholestérol): 3,80 mg par personne
Calories : 65 par personne

POUR 2 PERSONNES :	CHOL.	CAL.
1/4 de l de lait écrémé ;	7,50	12,50
1/2 l de bouillon végétal concentré ;	0	0
3 endives ;	0	22
1 cuillerée à soupe de persil haché ;	0	0,55
25 g de tapioca ;	0	94
Noix muscade râpée ;	0	0
Sel.	0	0
	7,50	129,05

■ Faites chauffer ensemble le lait et le bouillon jusqu'à ébullition ■ Ajoutez la noix muscade, salez. Versez le tapioca. Laissez cuire sur feu doux pendant 10 minutes en tournant avec une cuillère en bois ■ Ajoutez les endives très finement émincées, et laissez encore cuire 10 minutes en remuant toujours ■ Juste avant de servir saupoudrez de persil haché.

Pour ceux qui ne suivent pas de régime : Ajouter du fromage râpé et de la crème fraîche.

CRÈME DE POTIRON

Cholestérol : 15 mg par personne
Calories : 124 par personne

POUR 2 PERSONNES :	CHOL.	CAL.
300 g de potiron ;	0	93
1 l de lait écrémé ;	30	50
30 g de riz ;	0	105,60
Sel, poivre.	0	0
	30	248,60

■ Pelez le potiron. Coupez la pulpe en petits dés. Mettez-la dans une casserole avec un verre d'eau. Placez sur le feu, couvrez et laissez cuire pendant 10 minutes ■ Passez la pulpe à la moulinette. Vous obtenez une purée épaisse ■ Mettez cette purée dans une casserole. Ajoutez le lait et du sel. Chauffez et lorsque le liquide commence à bouillir, versez le riz en pluie. Baissez le gaz et laissez bouillir tout doucement pendant 20 minutes ■ Ajoutez un peu de poivre à la dernière minute. Servez aussitôt.

Pour ceux qui ne suivent pas de régime : Un bon morceau de beurre en plus.

FENOUIL
A LA MAROCAINE

Cholestérol : 0
Calories : 48 par personne

POUR 2 PERSONNES :	CHOL.	CAL.
2 bulbes de fenouil ;	0	40
1 tomate ;	0	11
1 citron ;	0	43
1 cuillerée à soupe de persil et cerfeuil hachés ;	0	1,10
Sel.	0	0
	0	95,10

■ Nettoyez les fenouils. Faites-les cuire 15 minutes à l'eau bouillante salée ■ Coupez les bulbes en six dans le sens de la longueur ■ Plongez la tomate 2 minutes dans l'eau bouillante. Egouttez-la ; pelez-la ; coupez-la en huit quartiers ■ Disposez, sur un plat, fenouil et tomate. Arrosez de jus de citron. Saupoudrez de persil et cerfeuil hachés.

Pour ceux qui ne suivent pas de régime : En plus, huile, olives et thon.

FENOUIL AUX HERBES

Cholestérol : 0
Calories : 48 par personne

POUR 2 PERSONNES :	CHOL.	CAL.
2 *bulbes de fenouil ;*	0	40
1 *yaourt à 0 % de matières grasses ;*	0	55
1 *cuillerée à soupe de fines herbes hachées ;*	0	0,55
Sel.	0	0
	0	95,55

■ Nettoyez les fenouils. Coupez chaque feuille en quatre dans le sens de la longueur ■ Faites-les cuire 25 minutes à l'eau bouillante salée. Egouttez. Mettez sur un plat ■ Mélangez le yaourt et les fines herbes hachées. Nappez les fenouils avec cette sauce ■ Servez froid.

Pour ceux qui ne suivent pas de régime : Remplacer la sauce au yaourt par une mayonnaise légère.

FONDS D'ARTICHAUT A LA FANCHON

Cholestérol : 0
Calories : 183 par personne

POUR 2 PERSONNES :	CHOL.	CAL.
2 *artichauts ;*	0	160
8 *petits oignons ;*	0	30
1 *citron ;*	0	43
1 *cuillerée à soupe d'huile de tournesol ;*	0	90

	CHOL.	CAL.
1/2 pied de céleri ;	0	44
Sel, poivre.	0	0
	0	367

■ Mettez sur le feu une casserole d'eau salée. Lavez les artichauts ■ Quand l'eau bout, plongez-y les artichauts et laissez-les cuire pendant 10 minutes ■ Pendant ce temps, pelez les petits oignons, lavez le céleri et coupez-le en dés ■ Egouttez les artichauts, enlevez les feuilles et le foin de façon à ne laisser que les fonds. Frottez-les avec du citron et coupez-les en quatre ■ Versez une cuillerée à soupe d'huile dans une casserole, sur feu assez fort. Quand l'huile commence à grésiller, mettez-y les petits oignons et les dés de céleri. Laissez-les revenir sur feu vif pendant 2 ou 3 minutes, puis ajoutez les fonds d'artichaut. Salez, poivrez, ajoutez le jus du citron, couvrez et laissez cuire sur feu très doux pendant 30 minutes environ ■ Versez dans un ravier et laissez refroidir ■ Ces fonds d'artichaut se servent froids avec leur sauce de cuisson.

Pour ceux qui ne suivent pas de régime : Accompagner d'œufs durs.

FONDS D'ARTICHAUT AU THON FRAIS

Cholestérol : 55 mg par personne
Calories : 365 par personne

POUR 2 PERSONNES :	CHOL.	CAL.
3 artichauts ;	0	120
200 g de thon frais ;	110	450
3 citrons ;	0	129
2 tomates ;	0	22
2 oignons ;	0	9
1/2 cuillerée à soupe de moutarde ;	0	0
Thym ;	0	0
Sel.	0	0
	110	730

■ Coupez le poisson en petits dés. Mettez-les dans une terrine. Arrosez-les avec le jus des citrons. Salez. Laissez mariner 4 heures ■ Faites cuire les artichauts dans de l'eau bouillante salée. Egouttez-les. Retirez les feuilles et le foin. Réservez les fonds ■ Pelez les tomates et les oignons. Coupez-les en rondelles minces. Faites cuire à sec, dans une poêle antiadhésive. Ajoutez du thym effeuillé. Passez au moulin à légumes ■ Dans un bol, mettez la moutarde et versez peu à peu le coulis de tomates, en montant au batteur comme une mayonnaise ■ Egouttez le poisson. Versez-le dans la sauce. Mélangez bien. Garnissez-en les fonds d'artichaut.

Pour ceux qui ne suivent pas de régime : Saupoudrez d'œufs durs écrasés à la fourchette.

FONDS D'ARTICHAUT MARINIÈRE

Cholestérol : 46 mg par personne
Calories : 307 par personne

POUR 2 PERSONNES :	CHOL.	CAL.
1 boîte de thon au naturel de 166 g ;	91,30	464,80
1 boîte de 1/2 fonds d'artichaut au naturel ;	0	50
1 yaourt à 0 % de matières grasses ;	0	55
1 citron ;	0	43
Sel.	0	0
	91,30	612,80

■ Rincez soigneusement, à l'eau courante fraîche, les fonds d'artichaut ■ Mettez dans un saladier le thon émietté. Ajoutez le yaourt et le jus du citron. Salez. Mélangez le tout ■ Remplissez chaque fond d'artichaut de cette farce. Servez bien frais.

Pour ceux qui ne suivent pas de régime : Ajouter des crevettes décortiquées.

LAITUE
A LA SAUCE YAOURT

Cholestérol : 0
Calories : 69 par personne

POUR 2 PERSONNES :	CHOL.	CAL.
1 laitue ;	0	18
5 cuillerées à soupe de yaourt à 0 % de matières grasses ;	0	110
1 oignon ;	0	4,70
1 gousse d'ail ;	0	0
1 cuillerée à dessert de fines herbes hachées ;	0	0,55
1 cuillerée à dessert de jus de citron ;	0	4,30
Sel.	0	0
	0	137,55

■ Lavez la laitue. Effeuillez-la ■ Pelez et hachez finement l'ail et l'oignon ■ Préparez une sauce en battant au fouet le yaourt, l'ail, l'oignon, les fines herbes, le jus de citron, le sel ■ Assaisonnez les feuilles de laitue avec cette sauce.

Pour ceux qui ne suivent pas de régime : Enrichir la sauce de crème fraîche.

LAITUE
AU FROMAGE BLANC

Cholestérol : 1,50 mg par personne
Calories : 32 par personne

POUR 2 PERSONNES :	CHOL.	CAL.
2 cœurs de laitue ;	0	18
100 g de fromage blanc à 0 % de matières grasses ;	3	44
1 cuillerée à soupe de fines herbes hachées ;	0	0,55
Sel.	0	0
	3	62,55

■ Lavez bien et essorez à fond les cœurs de laitue. Détachez les feuilles ■ Mélangez le fromage blanc et les fines herbes. Salez. Battez quelques instants avec une fourchette ■ Mettez un peu de ce mélange dans chaque feuille de laitue.

Pour ceux qui ne suivent pas de régime : Servir avec des lamelles de cantal et du pain bis beurré.

MACÉDOINE DE CRUDITÉS

Cholestérol : 0
Calories : 135 par personne

POUR 2 PERSONNES :	CHOL.	CAL.
1 *endive ;*	0	22
2 *tomates ;*	0	22
1 *bulbe de fenouil ;*	0	20
2 *carottes ;*	0	42
1 *citron ;*	0	43
2 *yaourts à 0 % de matières grasses ;*	0	110
Sel.	0	0
	0	269

■ Lavez tous les légumes. Coupez endive, tomates et fenouil en petits dés. Râpez les carottes. Disposez en petits tas sur un plat ■ Mélangez les yaourts avec le jus du citron et du sel. Battez au fouet pour obtenir une sauce bien liée ■ Nappez les crudités avec cette sauce.

Pour ceux qui ne suivent pas de régime : Une mayonnaise battue au fouet avec de la crème fraîche.

MOUSSELINE D'OIGNONS

Cholestérol : 0
Calories : 250 par personne

POUR 2 PERSONNES :	CHOL.	CAL.
300 *g d'oignons ;*	0	141
100 *g de riz ;*	0	360

	CHOL.	CAL.
1 pincée de noix muscade râpée ;	0	0
Sel, poivre.	0	0
	0	501

■ Allumez le four ■ Faites chauffer 1 litre d'eau salée ■ Pelez les oignons, laissez-les entiers. Quand l'eau bout, jetez-y ensemble les oignons et le riz et laissez cuire pendant 20 minutes à gros bouillons ■ Egouttez le tout ensemble, mettez dans un saladier et assaisonnez avec le sel, le poivre et la noix muscade râpée ■ Passez à la moulinette de façon à obtenir une purée fine ■ Servez-la bien chaude.

Pour ceux qui ne suivent pas de régime : Battre la purée avec de la crème fraîche.

OIGNONS MONACO

Cholestérol : 0
Calories : 155 par personne

POUR 2 PERSONNES :	CHOL.	CAL.
250 g de petits oignons blancs ;	0	117,50
1 cuillerée à soupe d'huile ;	0	90
1 cuillerée à café de sucre en poudre ;	0	4
30 g de raisins secs sans pépins ;	0	97,20
Sel.	0	0
	0	308,70

■ Pelez les oignons, lavez-les et séchez-les ■ Mettez l'huile dans une casserole sur feu moyen et, avant même qu'elle ne commence à grésiller, jetez-y les petits oignons entiers ■ Lorsqu'ils ont pris une belle couleur blonde, ajoutez le sel, le sucre, les raisins secs lavés et bien égouttés et un verre d'eau ■ Laissez mijoter à feu doux dans la casserole couverte pendant 30 minutes ■ Servez chaud ou froid.

Pour ceux qui ne suivent pas de régime : Excellent avec des saucisses poêlées.

POMMES DE TERRE
EN SALADE AU RAIFORT

Cholestérol : 0
Calories : 196 par personne

POUR 2 PERSONNES :	CHOL.	CAL.
4 pommes de terre ;	0	180
1/2 pot de raifort râpé ;	0	31
2 cuillerées à soupe d'huile de maïs ;	0	180
2 cuillerées à soupe de ketchup ;	0	1,10
Sel.	0	0
	0	392,10

■ Faites cuire les pommes de terre avec leur peau pendant 25 minutes à l'eau bouillante salée. Pelez-les. Coupez-les en rondelles ■ Assaisonnez avec l'huile, le ketchup et le raifort. Mélangez bien.

Pour ceux qui ne suivent pas de régime : Mélangez quelques lardons à peine rissolés.

POTAGE A LA GÉNOISE

Cholestérol : 0
Calories : 14 par personne

POUR 2 PERSONNES :	CHOL.	CAL.
1/2 poignée de feuilles de basilic ;	0	0
1 gousse d'ail ;	0	0
3 cuillerées à soupe de flocons de pomme de terre ;	0	27
Sel.	0	0
	0	27

■ Faites chauffer 1/2 litre d'eau. Salez légèrement. Couvrez la casserole ■ Pelez la gousse d'ail. Passez à la moulinette fine, ensemble, la gousse d'ail et les feuilles de basilic ■ Dès que l'eau commence à bouillir, jetez-y ce hachis ■ Laissez bouillir 3 minutes ■ Ajoutez les flocons de pommes de terre. Laissez bouillir 5 minutes doucement en tournant et servez.

Pour ceux qui ne suivent pas de régime : Un morceau de beurre frais dans l'assiette.

POTAGE AU CRESSON ET AUX VERMICELLES

Cholestérol : 0
Calories : 152 par personne

POUR 2 PERSONNES :	CHOL.	CAL.
1/2 botte de cresson ;	0	21
1 cube de concentré de bouillon végétal ;	0	0
1 petit oignon ;	0	2
75 g de petits vermicelles ;	0	282
Sel.	0	0
	0	305

■ Pelez l'oignon. Hachez-le finement ■ Lavez le cresson. Ne conservez que les feuilles. Hachez-les ■ Chauffez 1 litre d'eau bouillante. Ajoutez le cube de concentré puis les hachis d'oignon et de cresson. Salez très légèrement. Laissez cuire 20 minutes ■ Ajoutez les vermicelles. Laissez bouillir encore 6 à 8 minutes avant de servir.

Pour ceux qui ne suivent pas de régime : Un bon morceau de beurre dans l'assiette.

POTAGE AU CURRY

Cholestérol : 0
Calories : 71 par personne

POUR 2 PERSONNES :	CHOL.	CAL.
1 cube de concentré de bouillon végétal ;	0	0
40 g de riz ;	0	140,80
6 pincées de curry en poudre.	0	0
	0	140,80

■ Faites dissoudre le cube de bouillon dans 3/4 de litre d'eau bouillante. Chauffez jusqu'à ébullition ■ Versez alors le riz et le curry dans le bouillon. Laissez cuire à petit feu 15 à 20 minutes ■ Servez chaud.

Pour ceux qui ne suivent pas de régime : Ajouter au moment de servir du blanc de poulet cuit coupé en dés.

POTAGE AU POULET ET AUX LÉGUMES

Cholestérol : 91 mg par personne
Calories : 172 par personne

POUR 2 PERSONNES :	CHOL.	CAL.
200 g de blanc de poulet coupé en morceaux ;	182	300
1 branche de céleri coupée en petits dés ;	0	2
1 cube de bouillon concentré dégraissé ;	0	0
2 carottes coupées en petits dés.	0	42
	182	344

■ Mettez les morceaux de poulet et les légumes dans une grande casserole avec 3/4 de litre d'eau et laissez cuire 30 minutes, jusqu'à ce que le poulet soit tendre. Ajoutez le cube de concentré ■ Laissez refroidir le potage toute la nuit au réfrigérateur, jusqu'à ce que la graisse soit prise et facile à retirer. Enlevez-la ■ Réchauffez pour servir.

Pour ceux qui ne suivent pas de régime : Des dés de mie de pain dorés au beurre.

POTAGE AUX SIX LÉGUMES

Cholestérol : 0
Calories : 61 par personne

POUR 2 PERSONNES :	CHOL.	CAL.
1 courgette ;	0	31
Les feuilles vertes d'une laitue ;	0	18

	CHOL.	CAL.
100 g de haricots verts ;	0	39
1/2 botte de cresson ;	0	21
1/2 concombre ;	0	13
Persil ;	0	0
Sel.	0	0
	0	122

■ Nettoyez les légumes et coupez-les en petits morceaux. Faites-les cuire 10 minutes dans 3/4 de litre d'eau bouillante salée ■ Vous pouvez consommer votre potage ainsi ou passer les légumes en purée ■ Saupoudrez de persil haché.

Pour ceux qui ne suivent pas de régime : Un bon morceau de beurre frais.

POTAGE GLACÉ AU CONCOMBRE

Cholestérol : 0
Calories : 62 par personne

POUR 2 PERSONNES :	CHOL.	CAL.
1/2 concombre ;	0	13
2 yaourts à 0 % de matières grasses ;	0	90
1 petit bouquet de ciboulette ;	0	0
Quelques feuilles tendres de céleri ;	0	0
1/2 citron ;	0	21,50
Poivre.	0	0
	0	124,50

■ Pelez le concombre. Coupez-le en fines rondelles ■ Coupez finement la ciboulette et les feuilles tendres de céleri branche ■ Mélangez ciboulette, céleri, yaourts, poivre (pas de sel), jus de citron et un demi-verre d'eau environ. Mettez le tout au frais ■ Au moment du repas, ajoutez les rondelles de concombre.

Pour ceux qui ne suivent pas de régime : Ajouter de la crème fraîche.

POTAGE JULIENNE

Cholestérol : 0
Calories : 75 par personne

POUR 2 PERSONNES :	CHOL,	CAL.
50 g de carottes ;	0	21
50 g de navets ;	0	17,50
50 g de céleri ;	0	10
50 g de chou vert ;	0	14
1/2 poireau ;	0	21
50 g de petits pois écossés ;	0	46
50 g de haricots verts ;	0	19,50
1/2 cuillerée à soupe de cerfeuil haché ;	0	0
Sel.	0	0
	0	149

■ Pelez les légumes et coupez-les en dés et en lanières très fines ■ Mettez-les dans une casserole. Ajoutez 3/4 de litre d'eau froide. Salez légèrement et couvrez, puis laissez bouillir doucement pendant 1 heure ■ Servez ce potage sans passer les légumes, saupoudré de cerfeuil haché.

Pour ceux qui ne suivent pas de régime : Ajouter du beurre frais dans l'assiette.

POTAGE RAMITA

Cholestérol : 60 mg par personne
Calories : 95 par personne

POUR 2 PERSONNES :	CHOL.	CAL.
1 boîte de 240 g de cabillaud au naturel ;	120	168
1 cuillerée à soupe de concentré de tomate ;	0	22
1/2 cuillerée à café de safran ;	0	0
4 gousses d'ail.	0	0
	120	190

■ Pelez les gousses d'ail. Laissez-les entières ■ Ouvrez la boîte de poisson. Ne l'égouttez pas. Faites chauffer 1/2 litre d'eau. Dès qu'elle commence à bouillir, jetez-y les gousses d'ail et le poisson avec son jus. Détachez avec la pointe d'une fourchette les morceaux de poisson de façon à l'émietter. Couvrez la casserole. Laissez chauffer ■ Dans un bol, délayez ensemble le concentré de tomate et le safran ■ Quand l'eau commence à bouillir versez-y le contenu du bol. Laissez chauffer deux minutes et servez aussitôt.

Pour ceux qui ne suivent pas de régime : Servir avec des croûtons frits à l'huile.

POTAGE SAINT-GERMAIN

Cholestérol : 15 mg par personne
Calories : 305 par personne

POUR 2 PERSONNES :	CHOL.	CAL.
150 g de pois cassés ;	0	496
1 oignon ;	0	4,70
1 poireau ;	0	42
5 feuilles vertes de laitue ;	0	18
1 l de lait écrémé ;	30	50
Sel, poivre.	0	0
	30	610,70

■ Pelez l'oignon, mettez-le dans une casserole avec les pois cassés. Couvrez d'eau, salez, placez la casserole sur feu doux et laissez cuire à tout petit feu pendant 1 heure ■ 30 minutes avant la fin de la cuisson, nettoyez le poireau, coupez-le en tronçons ; lavez les feuilles de laitue. Ajoutez le tout dans la casserole et laissez cuire pendant encore 30 minutes ■ Pendant ce temps, faites chauffer le lait. Les légumes étant cuits, passez-les à la moulinette. Vous obtenez une purée que vous délayerez avec le lait bouillant ■ Remettez sur le feu pour bien chauffer.

Pour ceux qui ne suivent pas de régime : Crème fraîche en plus.

POTAGE VERT

Cholestérol : 0
Calories : 137 par personne

POUR 2 PERSONNES :	CHOL.	CAL.
100 g de persil ;	0	0,55
1 botte de cresson ;	0	48
250 g de pommes de terre ;	0	225
Cerfeuil haché ;	0	0
Sel.	0	0
	0	273,55

■ Faites chauffer 1 litre d'eau salée dans une grande casserole ■ Lavez le cresson et le persil ■ Pelez les pommes de terre. Coupez-les en petits dés ■ Quand l'eau bout, mettez-y le persil, le cresson, les pommes de terre. Couvrez et laissez cuire doucement pendant 20 minutes ■ Passez le tout à la moulinette et ajoutez le cerfeuil haché au moment de servir.

Pour ceux qui ne suivent pas de régime : Accompagner de petits dés de pain de mie dorés dans du beurre.

SALADE
A L'ALSACIENNE

Cholestérol : 0
Calories : 69 par personne

POUR 2 PERSONNES :	CHOL.	CAL.
1/2 chou rouge bien serré ;	0	38
2 oignons ;	0	9,40
1 cuillerée à soupe d'huile de maïs ;	0	90
1 cuillerée à soupe de vinaigre de cidre ;	0	0
1 cuillerée à dessert de moutarde.	0	0
	0	137,40

■ Otez les grosses feuilles du chou. Coupez le cœur en quatre. Posez ces quartiers sur une planche et tranchez-les en fines lanières avec un grand couteau de cuisine bien aiguisé ■ Coupez les oignons en fines rondelles ■ Préparez une vinaigrette relevée de moutarde. Mélangez-la aux lanières de chou. Disposez dessus les rondelles d'oignon ■ Mélangez au moment de servir.

Pour ceux qui ne suivent pas de régime : Enrichir la salade de lamelles de jambonneau.

SALADE BULGARE

Cholestérol : 0
Calories : 115 par personne

POUR 2 PERSONNES :	CHOL.	CAL.
100 g de carottes ;	0	42
100 g de haricots verts ;	0	120
1/2 concombre ;	0	13
1 cuillerée à soupe de vinaigre ;	0	0
1/2 cuillerée à café de cumin ;	0	0
1/2 cuillerée à café de coriandre ;	0	0
Estragon ;	0	0
1 yaourt à 0% de matières grasses ;	0	55
1/2 cuillerée à soupe de moutarde ;	0	0
Sel, poivre.	0	0
	0	230

■ Pelez le concombre. Coupez-le en petits dés ■ Epluchez les carottes. Coupez-les en gros morceaux ■ Equeutez les haricots verts ■ Faites cuire carottes et haricots verts dans de l'eau bouillante salée, à laquelle vous ajouterez le vinaigre, le cumin et la coriandre. Comptez 30 minutes de cuisson. Egouttez ■ Dans un saladier, préparez la sauce avec le yaourt et la moutarde en battant comme pour une mayonnaise. Poivrez ■ Versez les haricots verts, les carottes et le concombre dans le saladier. Mélangez bien ■ Servez très frais avec de l'estragon haché, ajouté au dernier moment.

Pour ceux qui ne suivent pas de régime : Une sauce au yaourt avec matières grasses.

SALADE
DE BETTERAVES

Cholestérol : 0
Calories : 110 par personne

POUR 2 PERSONNES :	CHOL.	CAL.
2 *betteraves rouges moyennes* ;	0	120
2 *pommes Golden* ;	0	78
1 *cuillerée à café de moutarde* ;	0	0
1/2 *citron* ;	0	21,50
Vinaigre de cidre.	0	0
	0	219,50

■ Pelez les betteraves et détaillez-les en bâtonnets. Mettez-les dans un bol, arrosez avec le vinaigre et le jus du demi-citron. Laissez macérer 1 heure ■ Pelez les pommes et coupez-les comme les betteraves. Ajoutez-les dans le bol avec la moutarde. Mélangez bien ■ Servez frais.

Pour ceux qui ne suivent pas de régime : Ajouter des dés de jambon cuit.

SALADE
DE COQUILLETTES
AU THON

Cholestérol : 27,5 mg par personne
Calories : 428 par personne

POUR 2 PERSONNES :	CHOL.	CAL.
100 g *de thon au naturel* ;	55	280
120 g *de coquillettes cuites* ;	0	451,20
1 *poivron vert* ;	0	22
2 *gros cornichons* ;	0	13
1 *cuillerée à soupe de vinaigre de cidre* ;	0	0
1 *cuillerée à soupe d'huile de tournesol.*	0	90
	55	856,20

■ Lavez le poivron. Coupez-le en lamelles minces en éliminant les graines ■ Ouvrez la boîte de thon. Egouttez-le. Divisez-le en morceaux moyens ■ Hachez grossièrement les cornichons ■ Dans un saladier disposez les coquillettes, les morceaux de thon, les lamelles de poivron ■ Avec le vinaigre et l'huile, faites une vinaigrette ; versez-la dans le saladier ■ Mélangez avec le hachis de cornichons ■ Servez froid.

Pour ceux qui ne suivent pas de régime : Compléter la salade avec des œufs durs et des lamelles de jambon.

SALADE DE HARICOTS VERTS AUX TOMATES

Cholestérol : 0
Calories : 352 par personne

POUR 2 PERSONNES :	CHOL.	CAL.
400 g de haricots verts ;	0	480
1 poivron vert ;	0	22
2 tomates moyennes ;	0	22
2 gousses d'ail ;	0	0
2 cuillerées à soupe d'huile de tournesol ;	0	180
1 cuillerée à soupe de moutarde ;	0	0
1 cuillerée à dessert de vinaigre de cidre ;	0	0
Sel, poivre.	0	0
	0	704

■ Faites cuire les haricots 20 minutes à l'eau bouillante salée ■ Débarrassez le poivron de ses graines et coupez-le en très fines lanières ■ Coupez les tomates en deux. Pressez-les délicatement pour retirer le jus, et saisissez-les à la poêle dans une cuillerée à soupe d'huile. Quand elles sont cuites, mais non déformées, laissez-les refroidir ■ Préparez une vinaigrette à laquelle vous ajouterez la moutarde et les gousses d'ail pilées ■ Dans un saladier, mélangez les haricots verts et le poivron. Entourez-les des demi-tomates et assaisonnez avec la vinaigrette.

Pour ceux qui ne suivent pas de régime : Mettre dans la salade des rondelles de saucisses de Francfort pochées.

SALADE D'OIGNONS CRUS

Cholestérol : 0
Calories : 91 par personne

POUR 2 PERSONNES :	CHOL.	CAL.
200 g de gros oignons doux ;	0	94
2 oranges ;	0	88
1 cuillerée à soupe de vinaigre de cidre ;	0	0
1 pincée de cannelle en poudre ;	0	0
Poivre.	0	0
	0	182

■ Pelez les oignons, coupez-les en rondelles fines. Mettez-les dans un plat creux ; arrosez-les de vinaigre et laissez macérer 2 heures ■ Pelez les oranges à vif. Coupez-les en rondelles dans un saladier ■ Au bout de 2 heures, égouttez les oignons et les oranges. Mélangez oranges et oignons ■ Arrosez avec une sauce faite du jus d'orange recueilli dans le saladier, assaisonné de poivre et de cannelle.

Pour ceux qui ne suivent pas de régime : Ajouter des dés de jambon blanc.

SALADE EXOTIQUE

Cholestérol : 27,50 mg par personne
Calories : 445 par personne

POUR 2 PERSONNES :	CHOL.	CAL.
100 g de thon au naturel ;	55	225
2 bananes ;	0	180
1 pamplemousse ;	0	43
100 g de riz cuit ;	0	352
1 cuillerée à soupe de câpres ;	0	0

	CHOL.	CAL.
1 cuillerée à dessert de vinaigre de cidre ;	0	0
1 cuillerée à soupe d'huile de tournesol ;	0	90
1 cuillerée à café de moutarde.	0	0
	55	890

◼ Epluchez le pamplemousse. Otez les peaux blanches. Coupez-le en rondelles au-dessus d'un bol en recueillant le jus ◼ Pelez les bananes. Coupez-les en rondelles. Ajoutez-les aux morceaux de pamplemousse ◼ Ouvrez la boîte de thon. Egouttez-le. Divisez-le en morceaux ◼ Faites une vinaigrette avec le vinaigre, l'huile et la moutarde ◼ Mélangez le riz froid, les morceaux de thon, les fruits, les câpres. Arrosez de vinaigrette. Mélangez bien ◼ Servez froid.

Pour ceux qui ne suivent pas de régime : Ajouter du gruyère coupé en cubes.

SALADE EXPRESS

Cholestérol : 55 mg par personne
Calories : 329 par personne

POUR 2 PERSONNES :	CHOL.	CAL.
200 g de thon au naturel ;	110	450
1/2 boîte de haricots verts en conserve ;	0	58,50
1/2 botte de radis ;	0	20
1 laitue ;	0	18
1 cuillerée à soupe de câpres ;	0	0
6 brins de ciboulette ;	0	0,55
2 yaourts à 0 % de matières grasses ;	0	110
1 cuillerée à soupe de moutarde.	0	0
	110	657,05

◼ Epluchez, lavez et égouttez la laitue ◼ Lavez les radis et coupez-les en rondelles ◼ Lavez et hachez la ciboulette ◼ Ouvrez la boîte de thon. Egouttez-le et divisez-le en morceaux pas trop gros ◼ Ouvrez la boîte de haricots verts. Rincez-les et égouttez-les ◼ Dans un saladier, disposez les feuilles de laitue, les haricots verts, les morceaux de thon, les rondelles de radis. Parsemez de câpres et de ciboulette hachée ■ Battez les yaourts avec la moutarde ■ Assaisonnez avec cette sauce.

Pour ceux qui ne suivent pas de régime : Remplacer la sauce au yaourt par une mayonnaise additionnée d'un peu de crème fraîche.

SALADE MISTRAL

Cholestérol : 0
Calories : 102 par personne

POUR 2 PERSONNES :	CHOL.	CAL.
300 g de champignons de Paris ;	0	96
1/2 cœur de céleri ;	0	20
1 petite boîte de pointes d'asperges ;	0	26
1 citron ;	0	43
Feuilles de laitue ;	0	18
8 feuilles de basilic ;	0	0,55
Sel.	0	0
	0	203,55

■ Enlevez le pied terreux des champignons. Puis lavez-les et émincez-les finement. Versez dessus le jus d'un demi-citron ■ Coupez le cœur de céleri en tronçons d'environ 4 centimètres. Passez les pointes d'asperges sous l'eau et égouttez-les. Mêlez le tout ensemble dans un saladier ■ Mélangez le jus du demi-citron restant. Salez et ajoutez le basilic finement haché ■ Versez cette sauce sur le mélange de légumes et remuez délicatement le tout.

Pour ceux qui ne suivent pas de régime : Ajoutez du comté coupés en dés.

SALADE MIXTE AU THON

Cholestérol : 45,65 mg par personne
Calories : 367 par personne

POUR 2 PERSONNES :	CHOL.	CAL.
1 boîte de thon au naturel de 166 grammes ;	91,30	464,80

	CHOL.	CAL.
100 g de cresson ;	0	21
150 g de betterave ;	0	60
1 orange ;	0	44
1 carotte ;	0	42
1/2 poivron ;	0	11
1 cuillerée à soupe d'huile de pépins de raisin ;	0	90
1 cuillerée à soupe de vinaigre de cidre ;	0	0
Sel.	0	0
	91,30	732,80

■ Lavez le cresson. Préparez-le et mettez-le dans un saladier ■ Epluchez la betterave et coupez-la en dés, ajoutez-les au cresson ■ Epluchez l'orange, divisez-la en quartiers, puis mettez-la dans le saladier ainsi que le thon égoutté et divisé en morceaux ■ Epluchez la carotte. Parsemez la salade de filaments de poivron et de carotte, obtenus avec un couteau « économe » ■ Assaisonnez avec l'huile, le vinaigre et un peu de sel.

Pour ceux qui ne suivent pas de régime : Augmenter la quantité d'huile.

SALADE MYRIAM

Cholestérol : 0
Calories : 80 par personne

POUR 2 PERSONNES :	CHOL.	CAL.
2 endives ;	0	22
1 pomme ;	0	52
50 g de céleri-rave ;	0	22
50 g de betterave rouge cuite ;	0	20
1 citron ;	0	43
1 cuillerée à soupe de moutarde.	0	0
	0	159

■ Nettoyez le céleri ; râpez-le ; arrosez-le du jus d'un demi-citron ■ Pelez la betterave. Coupez-la en lamelles fines. Faites de même pour la pomme ■ Epluchez les endives et détaillez-les en petits morceaux ■ Mélangez tous les légumes et les fruits ensemble ■ Délayez la moutarde avec le jus du demi-citron restant. Assaisonnez la salade avec cette sauce ■ Servez frais.

Pour ceux qui ne suivent pas de régime : Ajouter de l'huile de noix.

SALADE SAN FRANCISCO

Cholestérol : 0
Calories : 86 par personne

POUR 2 PERSONNES :	CHOL.	CAL.
1 petite laitue ;	0	18
8 radis ;	0	10
8 petits oignons au vinaigre ;	0	23,50
1 pomme ;	0	52
1/2 boîte d'ananas en morceaux ;	0	25
1 citron ;	0	43
Poivre.	0	0
	0	171,50

■ Epluchez, lavez soigneusement la salade et les radis. Pelez la pomme et détaillez-la en rondelles. Pressez le citron. Coupez l'ananas en dés ■ Dans un saladier très évasé, disposez les feuilles de laitue, puis successivement les radis, les oignons, les rondelles de pomme et les dés d'ananas. Arrosez avec le jus de citron. Poivrez (ne salez pas) ■ Mettez sur la table ; vous ne mélangerez qu'au moment de servir.

Pour ceux qui ne suivent pas de régime : Ajouter des filets d'anchois.

SALADE VERTE
ET ROUGE

Cholestérol : 0
Calories : 36 par personne

POUR 2 PERSONNES :	CHOL.	CAL.
200 g d'épinards ;	0	50
2 tomates ;	0	22

	CHOL.	CAL.
1 cuillerée à soupe de moutarde ;	0	0
1/2 cuillerée à soupe de vinaigre de cidre ;	0	0
	0	72

■ Lavez bien à fond les épinards. Coupez les feuilles en lanières de 5 millimètres environ ■ Plongez les tomates 2 minutes dans l'eau bouillante. Egouttez-les, pelez-les ; coupez-les en tranches fines ■ Mettez le tout dans un saladier ■ Préparez une sauce en mélangeant la moutarde et le vinaigre. Arrosez les crudités avec cette sauce. Mélangez bien le tout.

Pour ceux qui ne suivent pas de régime : Ajouter des œufs durs en tranches.

SOUPE A L'ARLÉSIENNE

Cholestérol : 0
Calories : 129 par personne

POUR 2 PERSONNES :	CHOL.	CAL.
1 oignon ;	0	4,70
1 poireau ;	0	42
1 gousse d'ail ;	0	0
1 tomate ;	0	11
100 g de haricots beurre ;	0	120
100 g de pommes de terre ;	0	90
1 cuillerée à soupe d'huile d'olive ;	0	90
Sel, poivre.	0	0
	0	357,70

■ Pelez tous les légumes y compris la tomate dont vous enlèverez la peau sans difficulté après l'avoir plongée 1 minute dans l'eau bouillante ■ Emincez l'oignon, coupez le poireau en fines lamelles, la tomate en huit morceaux et les pommes de terre en rondelles fines ■ Dans une grande casserole, faites chauffer l'huile. Quand elle commence à grésiller, mettez-y l'oignon et le poireau. Laissez-les dorer. Ajoutez l'ail écrasé sous une lame de couteau pour qu'il dégage tout son parfum, puis la tomate, les haricots, les pommes de terre. Laissez revenir sur feu vif pendant 3 ou 4 minutes en tournant constamment ■ Versez dans la casserole 1 litre d'eau froide. Salez, poivrez, couvrez la casserole. Laissez chauffer puis bouillir pendant environ 30 minutes avant de servir.

Pour ceux qui ne suivent pas de régime : Accompagner de tranches fines de pain de campagne imbibées d'huile et saupoudrées de fromage râpé.

SOUPE AU CABILLAUD

Cholestérol : 88 mg par personne
Calories : 279 par personne

POUR 2 PERSONNES :	CHOL.	CAL.
350 g de cabillaud ;	175	245
40 g de riz ;	0	190,40
125 g de tomates ;	0	33
2 gousses d'ail ;	0	0
1 cuillerée à soupe d'huile de tournesol ;	0	90
Sel de céleri.	0	0
	175	558,40

■ Coupez le poisson en morceaux, gros à peu près comme des noix. Enlevez les arêtes ■ Pelez les gousses d'ail et écrasez-les sous une lame de couteau pour qu'elles rendent tout leur parfum à la cuisson ■ Lavez les tomates et, sans les peler, coupez-les en six ou sept morceaux. Enlevez les pépins ■ Dans une casserole, mettez les morceaux de poisson par-dessus le riz cru, les gousses d'ail, les tomates. Couvrez avec 3/4 de litre d'eau froide et mettez sur le feu sans couvrir la casserole ■ Quand l'eau commence à bouillir, ajoutez l'huile, le sel de céleri. Couvrez la casserole. Baissez le feu et laissez cuire sur feu doux pendant 15 minutes.

Pour ceux qui ne suivent pas de régime : Servir avec une sauce rouille.

SOUPE AUX POIS CASSÉS

Cholestérol : 3,75 mg par personne
Calories : 360 par personne

POUR 2 PERSONNES :	CHOL.	CAL.
200 g de pois cassés ;	0	660
1 carotte ;	0	42
1 oignon ;	0	4,70
1 gousse d'ail ;	0	0
1 branche de céleri ;	0	0
5 brins de persil ;	0	0,55
1 feuille de laurier ;	0	0
1/4 de litre de lait écrémé ;	7,5	12,50
Sel.	0	0
	7,5	719,75

■ Lavez les pois cassés sous le robinet d'eau courante, mettez-les à tremper pendant 1 heure dans de l'eau chaude ■ Egouttez-les, mettez-les dans une casserole avec 1 litre d'eau salée et la feuille de laurier, chauffez. A partir de l'ébullition, réglez à feu doux puis couvrez le récipient et laissez cuire pendant 1 heure ■ Pendant ce temps, pelez la carotte et râpez-la. Pelez l'oignon et hachez-le. Emincez la gousse d'ail, nettoyez le céleri en enlevant les fils et coupez-le en quatre. Hachez le persil. Ajoutez le tout aux pois cassés et laissez cuire encore 15 minutes ■ Passez le tout au mixer ou à la moulinette fine, remettez dans la casserole, versez le lait en remuant, faites chauffer 3 minutes et servez aussitôt.

Pour ceux qui ne suivent pas de régime : Mêler à la soupe au moment de servir du fromage râpé délayé dans de l'huile.

SOUPE AUX TOMATES ET AU POIVRON

Cholestérol : 0
Calories : 62 par personne

POUR 2 PERSONNES :	CHOL.	CAL.
2 tomates ;	0	22
1 oignon ;	0	4,70
1 bouquet garni (persil, thym, laurier) ;	0	0
2 gousses d'ail ;	0	0
1 poivron ;	0	22
20 g de vermicelle ;	0	75,20
Sel.	0	0
	0	123,90

■ Plongez les tomates dans l'eau bouillante pendant 1 minute et pelez-les. Coupez-les en morceaux ■ Placez une casserole sur feu doux et mettez-y les tomates coupées en morceaux sans aucune matière grasse. Laissez cuire pendant une dizaine de minutes en tournant fréquemment ■ Ajoutez alors le bouquet garni, l'oignon coupé en petits dés, les deux gousses d'ail et le poivron coupé en lamelles très fines. Versez dans la casserole 1 litre d'eau bouillante et salez. Couvrez et laissez bouillir pendant environ 20 minutes ■ Ajoutez alors le vermicelle et laissez cuire encore 5 ou 6 minutes ■ Pour servir, retirez l'ail et le bouquet garni.

Pour ceux qui ne suivent pas de régime : Servir avec du fromage râpé.

SOUPE DAUPHINOISE

Cholestérol : 11,25 mg par personne
Calories : 80 par personne

POUR 2 PERSONNES :	CHOL.	CAL.
100 g de pommes de terre ;	0	90
100 g de potiron ;	0	31

	CHOL.	CAL.
3/4 de litre de lait écrémé ;	22,5	37,50
Sel, poivre.	0	0
	22,5	158,50

■ Pelez les légumes et coupez-les en petits dés ■ Faites chauffer le lait avec du sel. Quand il bout, versez les légumes. Couvrez, laissez cuire sur petit feu pendant 1 heure. Poivrez ■ Cette soupe dauphinoise se sert telle quelle, sans passer les légumes.

Pour ceux qui ne sont pas au régime : De la crème fraîche en plus.

SOUPE FLAMANDE

Cholestérol : 100 mg par personne
Calories : 518 par personne

POUR 2 PERSONNES :	CHOL.	CAL.
1 petit chou blanc ;	0	56
1 saucisse à cuire de 200 g environ ;	200	800
200 g de pommes de terre ;	0	180
Sel.	0	0
	200	1036

■ Mettez à bouillir 1 litre d'eau salée ■ Lavez le chou, coupez-le en quatre puis émincez chacun des quartiers en lamelles ■ Quand l'eau bout, jetez-y les lamelles de chou. Laissez bouillir 2 minutes. Egouttez-les ■ Mettez-les dans une casserole avec la saucisse. Couvrez d'eau. Salez. Laissez cuire 30 minutes à partir de l'ébullition ■ Pendant ce temps, pelez les pommes de terre et coupez-les en petits dés ■ Après 30 minutes de cuisson du chou, ajoutez dans la casserole les dés de pommes de terre et laissez cuire encore 20 minutes ■ Au moment de servir, prenez la saucisse avec l'écumoire, coupez-la en tranches minces. Remettez-les dans la soupe.

Pour ceux qui ne suivent pas de régime : Une portion plus copieuse de saucisse.

SOUPE FORESTIÈRE

Cholestérol : 7,50 mg par personne
Calories : 603 par personne

POUR 2 PERSONNES :	CHOL.	CAL.
250 g de champignons de Paris ;	0	800
50 g de margarine ;	0	380
1/2 l de lait écrémé ;	15	25
1 pincée de paprika ;	0	0
Sel.	0	0
	15	1205

■ Nettoyez les champignons. Hachez-les grossièrement ■ Faites-les revenir doucement dans la margarine 5 à 6 minutes ■ Versez le lait. Salez. ajoutez le paprika. Laissez cuire sur feu très doux 30 minutes ■ Servez bien chaud.

Pour ceux qui ne suivent pas de régime : Un peu de crème fraîche en supplément.

SOUPE MARINE

Cholestérol : 106,30 mg par personne
Calories : 253 par personne

POUR 2 PERSONNES :	CHOL.	CAL.
250 g de filets de merlan ;	137,5	175
150 g de cabillaud ;	75	105
2 gousses d'ail ;	0	0
80 g d'oignons ;	0	37,60
1 branche de thym ;	0	0
3 feuilles de laurier ;	0	0
1 pincée de safran en poudre ;	0	0
50 g de nouilles plates ;	0	188
Sel, poivre.	0	0
	212,5	505,60

■ Pelez les oignons. Coupez-les chacun en trois ou quatre morceaux. Pelez les gousses d'ail, écrasez-les sous une lame de couteau pour qu'elles donnent tout leur parfum à la cuisson ■ Mettez les morceaux de poisson dans une casserole. Ajoutez les oignons, l'ail, le thym et le laurier. Poivrez, salez et versez 1 litre d'eau. Mettez sur le feu. Couvrez et laissez cuire 30 minutes à partir du moment où le liquide commence à bouillir ■ Au bout de ce temps, passez le tout à la moulinette très fine. Mettez le bouillon obtenu dans une casserole et laissez-le chauffer. Quand il commence à bouillir, ajoutez le safran et les nouilles cassées en petits morceaux. Vous les laisserez cuire pendant environ 10 minutes avant de servir.

Pour ceux qui ne suivent pas de régime : Accompagner d'une sauce rouille (vous en trouverez en petites boîtes).

SOUPE PIÉMONTAISE

Cholestérol : 0
Calories : 191 par personne

POUR 2 PERSONNES :	CHOL.	CAL.
150 g de pois écossés ;	0	138
2 pommes de terre ;	0	145
2 oignons ;	0	9,40
1 cuillerée à soupe d'huile de tournesol ;	0	90
1 cuillerée à soupe de cerfeuil haché ;	0	0,55
Sel.	0	0
	0	382,95

■ Pelez les pommes de terre, coupez-les en morceaux. Pelez les oignons, coupez-les en fines lamelles ■ Chauffez l'huile dans une casserole, sur feu moyen. Mettez les oignons, laissez-les dorer sans les faire rissoler et versez dessus 3/4 de litre d'eau bouillante salée. Ajoutez les pois et les pommes de terre. Couvrez et laissez cuire doucement pendant 30 minutes ■ La soupe étant cuite, passez-la à la moulinette. Saupoudrez de cerfeuil haché.

Pour ceux qui ne suivent pas de régime : Un bon morceau de beurre en plus.

SOUPE PORTUGAISE

Cholestérol : 0
Calories : 56 par personne

POUR 2 PERSONNES :	CHOL.	CAL.
100 g de pommes de terre ;	0	90
2 tomates ;	0	22
1 poignée de cerfeuil ;	0	0,55
1 cube de concentré de bouillon végétal.	0	0
	0	112,55

■ Faites chauffer 3/4 de litre d'eau contenant le cube de concentré ■ Pelez les pommes de terre, coupez-les en dés. Lavez les tomates, coupez-les en morceaux ■ Quand l'eau bout, jetez-y les pommes de terre et les tomates. Ne salez pas. Couvrez la casserole. Laissez cuire doucement pendant 30 minutes ■ Pendant la cuisson, lavez le cerfeuil et hachez-le finement ■ Passez le potage à la moulinette et servez-le bien chaud saupoudré largement de cerfeuil haché.

Pour ceux qui ne suivent pas de régime : Une cuillerée à soupe de crème fraîche dans l'assiette.

SAUCE AUX HERBES
pour toutes les salades et les crudités

	CHOL.	CAL.
1 tasse de fromage blanc à 0 % de matières grasses ;	3	44
1 cuillerée à dessert de moutarde ;	0	0
3 cuillerées à soupe de vinaigre de cidre ;	0	0
1 cuillerée à café de poudre de paprika ;	0	0
1 cuillerée à soupe de fines herbes hachées ;	0	0,55
Sel.	0	0
	3	44,55

■ Battez tous les ingrédients avec un fouet ou de préférence au mixer. Mettez dans le réfrigérateur jusqu'au moment de servir.

Poissons et crustacés

BROCHETTES DE SOLE ET DE LIMANDE

Cholestérol : 75 mg par personne
Calories : 191 par personne

POUR 2 PERSONNES :	CHOL.	CAL.
2 filets de sole (150 g) ;	75	110
2 filets de limande (150 g) ;	75	110
2 petites tomates ;	0	22
1 cuillerée à soupe d'huile de tournesol ;	0	90
2 petits oignons ;	0	4,70
1 citron ;	0	43
1/2 cuillerée à café de laurier en poudre ;	0	0
Persil en branches ;	0	0,55
Sel.	0	0
	150	380,25

■ Préparez la marinade : dans un mixer, réduisez en pâte les oignons. Ajoutez le jus du citron et le laurier en poudre
■ Faites mariner les filets pendant 2 heures dans ce mélange

dans un endroit frais. Retournez-les de temps en temps. Egouttez et épongez les filets. Coupez-les en morceaux d'environ 3 centimètres ■ Lavez les tomates et essuyez-les. Puis, coupez-les en quartiers ■ Enfilez sur chaque brochette les morceaux de sole, de limande et de tomate en les alternant. Salez. Badigeonnez d'huile à l'aide d'un pinceau. Cuisez les brochettes sur la braise (ou au gril) environ 5 minutes de chaque côté ■ Servez sur un lit de persil.

Pour ceux qui ne suivent pas de régime : Arroser de beurre fondu aux herbes.

CABILLAUD AU FOUR

Cholestérol : 88 mg par personne
Calories : 148 par personne

POUR 2 PERSONNES :	CHOL.	CAL.
2 *tranches de cabillaud de 175 g chacune ;*	175	245
1 *échalote ;*	0	7,50
1 *cuillerée à soupe de persil haché ;*	0	0,55
1 *citron ;*	0	43
Sel.	0	0
	175	296,05

■ Mettez les tranches de poisson dans un plat allant au four. Salez-les ■ Hachez finement l'échalote. Parsemez-en les tranches de cabillaud. Saupoudrez-les de persil haché. Arrosez avec le jus du citron et un verre d'eau ■ Faites cuire 20 minutes à four très chaud.

Pour ceux qui ne suivent pas de régime : Délayer de la crème fraîche dans le jus de cuisson.

CABILLAUD
AU VIN BLANC

Cholestérol : 88 mg par personne
Calories : 188 par personne

POUR 2 PERSONNES :	CHOL.	CAL.
2 tranches de cabillaud de 2 cm d'épaisseur (175 g chacune) ;	175	245
4 petites carottes ;	0	42
1 oignon ;	0	4,70
1 verre de vin blanc ;	0	0
1 cuillerée à café d'huile ;	0	43
1 citron ;	0	43
Thym, laurier, persil ;	0	0
Sel.	0	0
	175	377,70

■ Allumez le four ■ Faites tremper les tranches de cabillaud pendant 1 heure dans le jus du citron ■ Huilez le fond d'un plat allant au four et garnissez-le d'un lit de carottes et d'oignon finement hachés ■ Ajoutez le thym et le laurier et posez les tranches de cabillaud sur le tout. Salez et parsemez de persil haché ■ Arrosez de vin blanc et faites cuire à four chaud pendant 30 minutes.

Pour ceux qui ne suivent pas de régime : Servir avec du beurre écrasé à la fourchette avec de la crème d'anchois.

CABILLAUD
MARIE-JOSEPH

Cholestérol : 88 mg par personne
Calories : 262 par personne

POUR 2 PERSONNES :	CHOL.	CAL.
350 g de cabillaud ;	175	245
30 g de margarine ;	0	228
2 échalotes ;	0	7,50

1 cuillerée à soupe de concentré de tomate ;	0	22
1/2 citron ;	0	21,50
Sel.	0	0
	175	524

■ Frottez de citron le morceau de cabillaud ■ Pelez les échalotes. Coupez-les en lamelles fines ■ Dans une cocotte, faites chauffer la margarine. Quand elle est fondue, mettez le poisson et faites-le dorer sur toutes ses faces. Salez, ajoutez les échalotes, le concentré de tomate et un demi-verre d'eau bouillante. Couvrez et laissez mijoter 20 minutes ■ Servez bien chaud.

Pour ceux qui ne suivent pas de régime : Accompagner de rondelles d'oignons rissolées au beurre.

CREVETTES AUX ASPERGES ET AU SÉSAME

Cholestérol : 226 mg par personne
Calories : 158 par personne

POUR 2 PERSONNES :	CHOL.	CAL.
200 g de crevettes roses ;	452	200
6 asperges coupées en petits morceaux ;	0	26
1 cuillerée à café de sauce de soja ;	0	0
2 cuillerées à café d'huile de tournesol ;	0	90
2 cuillerées à café de graines de sésame ;	0	0
1/2 cuillerée à café de Maïzena	0	0
	452	316

■ Décortiquez les crevettes ■ Placez les graines de sésame dans une poêle sans huile et laissez griller 2 à 3 minutes, en veillant à ce qu'elles ne brûlent pas. Retirez-les de la poêle ■ Faites chauffer 1 cuillerée à café d'huile dans la poêle et faites dorer les asperges 2 minutes, pas davantage. Retirez-les ensuite de la poêle. Chauffez l'autre cuillerée à café d'huile et faites dorer les crevettes ■ Mélangez la sauce de soja et la Maïzena ; ajoutez ce mélange aux crevettes et aux asperges et remuez bien le tout 2 ou 3 minutes sur feu doux ■ Saupoudrez de graines de sésame grillées et servez.

Pour ceux qui ne suivent pas de régime : Ajouter des morceaux de crabe.

DORADE AU THYM

Cholestérol : 188 mg par personne
Calories : 283 par personne

POUR 2 PERSONNES :	CHOL.	CAL.
1 dorade de 500 g environ ;	375	385
8 branches de thym ;	0	0
2 cuill. à soupe d'huile de tournesol ;	0	180
Sel, poivre.	0	0
	375	565

■ Videz, écaillez et lavez la dorade ; coupez ses nageoires. Dans l'intérieur du ventre, mettez une branche de thym ■ Placez le poisson dans un plat allant au four et arrosez-le avec l'huile. Salez-le et poivrez-le. Tout autour du poisson dans le plat, disposez des branchettes de thym (n'utilisez pas toutes les branches de thym qui sont indiquées dans les ingrédients, gardez-en deux). Ajoutez un demi-verre d'eau ■ Mettez à four très chaud. Laissez cuire 20 minutes sans ouvrir le four ■ Au bout de ces 20 minutes de cuisson, prenez les deux branchettes de thym qui restent et promenez-les dans le fond du plat pour ramasser le jus de cuisson et en badigeonner le poisson. Laissez-le cuire encore 5 minutes ■ Servez dans le plat de cuisson.

Pour ceux qui ne suivent pas de régime : Arroser la portion de poisson dans l'assiette avec de l'huile d'olive tiède mélangée à de la crème d'anchois.

FILETS DE MERLAN
A L'ESTRAGON

Cholestérol : 110 mg par personne
Calories : 162 par personne

POUR 2 PERSONNES :	CHOL.	CAL.
400 g de filets de merlan ;	220	280
1 citron ;	0	43
1/2 botte d'estragon.	0	0,55
	220	323,55

■ Mettez les filets de merlan dans un plat creux. Couvrez-les de feuilles d'estragon. Arrosez-les de jus de citron. Laissez mariner au moins 2 heures ■ Faites griller le poisson à feu très vif, 5 minutes de chaque côté. Servez chaud, arrosé du jus de la marinade.

Pour ceux qui ne suivent pas de régime : Servir avec des petites pommes de terre rissolées saupoudrées d'estragon haché.

FILETS DE MERLAN
AU FOUR

Cholestérol : 110 mg par personne
Calories : 232 par personne

POUR 2 PERSONNES :	CHOL.	CAL.
400 g de filets de merlan ;	220	280
2 petites carottes ;	0	42
2 oignons ;	0	9,40
1 cuillerée à soupe d'huile de tournesol ;	0	90
1 citron ;	0	43
Persil haché, thym, laurier ;	0	0,55
Sel.	0	0
	220	464,95

■ Garnissez le fond d'un plat allant au four d'un lit de carottes et d'oignons finement hachés ■ Ajoutez le thym et le laurier et posez les poissons sur le tout. Salez et parsemez de persil haché ■ Arrosez avec le jus du citron et faites cuire à four chaud pendant 20 minutes.

Pour ceux qui ne suivent pas de régime : Accompagner d'une mayonnaise à laquelle vous aurez mélangé des cornichons hachés.

FILETS DE MERLAN AU FROMAGE BLANC

Cholestérol : 111,50 mg par personne
Calories : 193 par personne

POUR 2 PERSONNES :	CHOL.	CAL.
400 g de filets de merlan ;	220	280
100 g de fromage blanc à 0 % de matières grasses ;	3	44
1/2 citron ;	0	21,50
1 cuillerée à soupe de chapelure ;	0	39
Sel, poivre.	0	0
	223	384,50

■ Mettez les filets de poisson dans une assiette. Salez, poivrez, arrosez avec le jus du demi-citron ■ Poivrez légèrement le fromage blanc et mettez-en une bonne cuillerée à soupe sur chaque filet de merlan ■ Roulez les filets de poisson comme des paupiettes. Placez-les dans un plat allant au four. Saupoudrez de chapelure et faites cuire à four moyen pendant 20 minutes ■ Servez très chaud dans le plat de cuisson.

Pour ceux qui ne suivent pas de régime : Arroser de crème fraîche battue avec de la moutarde, le tout chauffé au bain-marie.

FILETS DE MERLAN MANON

Cholestérol : 145 mg par personne
Calories : 145 par personne

POUR 2 PERSONNES :	CHOL.	CAL.
4 filets de merlan (440 g) ;	280	280
1 verre de lait écrémé ;	9	10
1 gousse d'ail ;	0	0
1 branchette de thym ;	0	0
1 feuille de laurier ;	0	0
Sel.	0	0
	289	290

■ Mettez les filets de merlan côte à côte dans un plat allant au four. Salez-les ■ Versez dessus le lait, ajoutez la gousse d'ail, le thym et le laurier ■ Mettez à four chaud et laissez cuire 15 minutes.

Pour ceux qui ne suivent pas de régime : Accompagner d'un gratin dauphinois.

FILETS DE SAUMON A LA FLORENTINE

Cholestérol : 72 mg par personne
Calories : 358 par personne

POUR 2 PERSONNES :	CHOL.	CAL.
2 filets de saumon de 125 g chacun ;	144	480
400 g d'épinards frais (ou surgelés) ;	0	100
1/2 cuillerée à café de fenouil séché ;	0	0
1 citron coupé en petits dés ;	0	43
2 cuillerées à café d'huile de tournesol ;	0	90
1/2 oignon moyen, émincé ;	0	2,35
Sel, poivre.	0	0
	144	715,35

■ Rincez soigneusement et égouttez les épinards. Coupez-les en fines lanières ■ Nettoyez le poisson, séchez-le, mettez-le sur un gril à feu vif. Laissez griller environ 5 minutes puis retournez-le, saupoudrez de sel et de poivre, arrosez d'une cuillerée à café d'huile et ajoutez le fenouil. Replacez sur le gril et laissez cuire encore 5 minutes ■ Entre-temps, faites chauffer le reste de l'huile dans une poêle. Faites blondir légèrement l'oignon, puis ajoutez les épinards. Couvrez la poêle et laissez cuire, en remuant de temps à autre, sur feu vif environ 3 minutes, jusqu'à ce que les épinards soient dorés ■ Pour servir, placez les épinards sur un plat chaud et les filets de saumon dessus. Garnissez avec les dés de citron.

Pour ceux qui ne suivent pas de régime : Augmenter la quantité de saumon.

FILETS DE TURBOT ROTIS

Cholestérol : 62 mg par personne
Calories : 167 par personne

POUR 2 PERSONNES :	CHOL.	CAL.
2 filets de turbot frais ou surgelés de 100 g chacun ;	124	236
1/8 de cuillerée à café de paprika ;	0	0
1 citron ;	0	43
2 oignons hachés ;	0	9,40
1/2 cuillerée à café d'huile de tournesol ;	0	45
Sel, poivre.	0	0
	124	333,40

■ Mettez les filets de turbot dans un plat. Arrosez-les de jus de citron, de sel, de paprika et de poivre et saupoudrez d'oignons hachés. Laissez mariner 30 minutes ■ Mettez au four dans un plat couvert, 15 à 20 minutes.

Pour ceux qui ne suivent pas de régime : Ajouter des oignons rissolés.

LIEU AU PIMENT

Cholestérol : 105 mg par personne
Calories : 260 par personne

POUR 2 PERSONNES :	CHOL.	CAL.
2 tranches de lieu de 150 g chacune ;	210	330
2 gousses d'ail ;	0	0
2 oignons ;	0	9,40
2 cuillerées à soupe d'huile de maïs ;	0	180
Piment de Cayenne ;	0	0
Sel.	0	0
	210	519,40

■ Epluchez les oignons et émincez-les finement. Epluchez les gousses d'ail et pilez-les au mortier ■ Chauffez l'huile dans une poêle. Faites dorer doucement les oignons et l'ail pendant 5 minutes environ ■ Ajoutez une bonne pointe de couteau de piment de Cayenne, puis les tranches de lieu. Couvrez et laissez cuire le tout 15 minutes environ.

Pour ceux qui ne suivent pas de régime : Accompagner d'une mayonnaise légèrement pimentée.

LIMANDES CARDINES A LA GRENOBLOISE

Cholestérol : 175 mg par personne
Calories : 245 par personne

POUR 2 PERSONNES :	CHOL.	CAL.
2 limandes cardines de 350 g environ chacune ;	350	175
40 g de margarine ;	0	268
1 blanc d'œuf dur ;	0	48
1 cuillerée à soupe de vinaigre de cidre ;	0	0
1 cuillerée à soupe de câpres ;	0	0
Sel, poivre.	0	0
	350	491

■ Faites ébarber et vider les cardines par le poissonnier ■ Salez et poivrez les poissons ■ Chauffez la margarine dans une poêle. Mettez à dorer les poissons 7 à 8 minutes de chaque côté ■ Ajoutez le vinaigre, puis le blanc d'œuf dur haché et les câpres ■ Chauffez 2 minutes et servez.

Pour ceux qui ne suivent pas de régime : Servir avec du beurre d'anchois.

MERLANS
A LA SAUCE TOMATE

Cholestérol : 137,50 mg par personne
Calories : 205 par personne

POUR 2 PERSONNES :	CHOL.	CAL.
2 merlans de 250 g chacun ;	275	350
1 oignon ;	0	4,70
1 gousse d'ail ;	0	0
4 branches de persil ;	0	0,55
1 boîte de 250 g de tomates pelées ;	0	55
Sel.	0	0
	275	410,25

■ Pelez l'oignon, coupez-le en lamelles fines. Pelez la gousse d'ail et coupez-la également en lamelles fines ■ Lavez les poissons. Séchez-les dans un papier absorbant ■ Mettez dans une poêle le poisson, l'oignon, l'ail, le persil haché et les tomates. Ajoutez deux cuillerées à soupe d'eau, salez puis couvrez et laissez cuire 10 minutes ■ Retournez alors les poissons et laissez-les cuire encore 10 minutes ■ Servez chaud ou froid avec la sauce de cuisson.

Pour ceux qui ne suivent pas de régime : Accompagner de beurre d'anchois.

MERLANS A L'ORANGE EN PAPILLOTES

Cholestérol : 137,50 mg par personne
Calories : 199 par personne

POUR 2 PERSONNES :	CHOL.	CAL.
2 merlans de 250 g chacun ;	275	350
1 cuillerée à café d'écorce d'orange râpée ;	0	4,40
1 citron ;	0	43
Sel.	0	0
	275	397,40

■ Nettoyez les poissons. Déposez chacun d'eux sur une feuille de papier d'aluminium ménager. Salez, saupoudrez d'écorce d'orange râpée ■ Enveloppez chaque poisson dans son papier en formant une grosse papillotte ■ Faites cuire à four bien chaud 20 à 25 minutes ■ Servez dans les papillotes avec des quartiers de citron.

Pour ceux qui ne suivent pas de régime : Déposer deux ou trois noisettes de beurre sur chaque poisson avant de l'envelopper dans le papier d'aluminium.

MERLANS AUX ÉPICES

Cholestérol : 113,80 mg par personne
Calories : 186 par personne

POUR 2 PERSONNES :	CHOL.	CAL.
400 g de filets de merlan ;	220	280
1/4 de l de lait écrémé ;	7,5	12,50
200 g de tomates ;	0	44
75 g d'oignons ;	0	35,25
2 gousses d'ail ;	0	0
1 sachet de court-bouillon instantané ;	0	0
1/2 cuillerée à café de gingembre en poudre ;	0	0
1 pincée de piment rouge en poudre.	0	0
	227,5	371,75

■ Mettez les filets de merlan dans le lait froid avec le court-bouillon instantané. Chauffez jusqu'à ébullition ■ Retirez du feu. Egouttez au bout de 5 minutes ■ Epluchez et pilez l'ail. Epluchez les oignons et hachez-les finement ■ Pelez, épépinez et coupez les tomates en morceaux. Mettez les oignons, l'ail, les tomates, le poisson dans une poêle. Ajoutez le gingembre et le piment rouge. Laissez cuire 10 minutes ■ Servez chaud.

Pour ceux qui ne suivent pas de régime : Accompagner de sauce ailloli (mayonnaise à l'ail pilé).

MERLANS EN GELÉE

Cholestérol : 96,30 mg par personne
Calories : 134 par personne

POUR 2 PERSONNES :	CHOL.	CAL.
350 g de filets de merlan ;	192,5	245
1/2 sachet de court-bouillon instantané ;	0	0
1/2 sachet de gelée en poudre ;	0	0
1 tomate ;	0	11
1/2 poivron.	0	11
	192,5	267

■ Préparez le court-bouillon selon le mode d'emploi. Faites-y pocher les filets de merlan pendant 7 à 8 minutes. Egouttez-les ■ Préparez la gelée selon le mode d'emploi. Versez la moitié au fond de deux grands ramequins. Faites prendre au réfrigérateur ■ Pendant ce temps, pelez la tomate, coupez-la en petits dés. Coupez également le demi-poivron en petits dés ■ La gelée ayant pris, disposez les filets de merlan dessus, ainsi que les petits dés de légumes. Couvrez avec le restant de gelée et faites prendre au réfrigérateur pendant au moins 2 heures ■ Démoulez pour servir.

MERLANS
EN PAUPIETTES

Cholestérol : 96,30 mg par personne
Calories : 185 par personne

POUR 2 PERSONNES :	CHOL.	CAL.
4 filets de merlan (350 g) ;	192,5	245
500 g d'épinards ;	0	125
1/2 gousse d'ail ;	0	0
1/2 cuillerée à soupe de persil haché ;	0	0,55
1 pincée de thym ;	0	0
1 feuille de laurier ;	0	0
Sel.	0	0
	192,5	370,55

■ Lavez les épinards. Cuisez-les 20 minutes à grande eau bouillante salée. Egouttez-les bien à fond. Hachez-les ■ Hachez l'ail. Mélangez-le aux épinards ainsi que la pincée de thym et la feuille de laurier émietté. Prélevez quatre cuillerées de cette préparation. Mettez le restant dans un plat allant au four ■ Placez les filets de merlan bien à plat. Déposez sur chacun d'eux une cuillerée d'épinards. Enroulez-les autour de cette farce. Maintenez-les avec des bâtonnets piqués ■ Placez les filets de merlan farcis sur le lit d'épinards dans le plat allant au four. Cuisez à four doux 25 minutes ■ Servez saupoudré du persil haché.

Pour ceux qui ne suivent pas de régime : Accompagner de beurre fondu avec sel, poivre et persil haché.

MERLANS
EN RATATOUILLE

Cholestérol : 137,50 mg par personne
Calories : 220 par personne

POUR 2 PERSONNES :	CHOL.	CAL.
500 g de filets de merlan ;	275	350
8 petits oignons ;	0	18

4 échalotes ;	0	7,50
2 poireaux ;	0	42
1/2 petite boîte de sauce tomate ;	0	22
Sel.	0	0
	275	439,50

■ Coupez le poisson en gros dés ■ Pelez les oignons et les échalotes. Laissez-les entiers. Ne gardez que les blancs de poireaux, émincez-les finement ■ Mettez légumes et poisson dans une grande poêle antiadhésive et laissez trois à quatre minutes sur feu vif en remuant fréquemment. Couvrez d'eau chaude. Salez. Versez la sauce tomate, remuez pour bien mélanger. Couvrez la poêle et laissez cuire doucement 30 minutes.

Pour ceux qui ne suivent pas de régime : Ajouter à la ratatouille de tout petits dés de jambon fumé.

MORUE A LA MOUTARDE

Cholestérol : 75 mg par personne
Calories : 160 par personne

POUR 2 PERSONNES :	CHOL.	CAL.
250 g de filets de morue ;	125	275
1 cuillerée à soupe de moutarde ;	0	0
1 citron.	0	43
	125	318

■ Faites dessaler les filets de morue pendant 12 heures dans une grande quantité d'eau froide que vous renouvellerez à plusieurs reprises ■ Mettez les filets dans une casserole d'eau froide, non salée ; chauffez et laissez cuire 15 minutes dans l'eau maintenue à peine frissonnante. Egouttez les filets bien à fond ■ Mélangez la moutarde et le jus du citron. Mettez les filets de morue dans cette sauce. Chauffez 3 minutes et servez.

Pour ceux qui ne suivent pas de régime : Ajouter de la crème fraîche à la sauce.

MORUE AU FOUR

Cholestérol : 66 mg par personne
Calories : 236 par personne

POUR 2 PERSONNES :	CHOL.	CAL.
250 g de filets de morue ;	125	275
200 g de pommes de terre ;	0	180
2 gros oignons ;	0	17
Sel, poivre.	0	0
	125	472

■ Faites dessaler la morue. Pour cela, plongez-la pendant 12 heures dans de l'eau froide que vous renouvellerez à plusieurs reprises ■ Egouttez la morue et coupez-la en morceaux de 2 centimètres sur 3 environ ■ Pelez les pommes de terre et coupez-les en minces rondelles de 2 à 3 millimètres d'épaisseur environ ■ Pelez les oignons et émincez-les finement ■ Dans un plat à gratin, mettez une couche de morue. Couvrez de rondelles d'oignons, ajoutez une couche de rondelles de pommes de terre. Salez peu. Poivrez. Arrosez avec de l'eau de façon à arriver à couvrir le tout. Mettez à four chaud pendant 1 heure ■ Servez dans le plat de cuisson dès la sortie du four.

Pour ceux qui ne suivent pas de régime : Servir avec une sauce Mornay (béchamel au fromage).

POISSON AU MELON

Cholestérol : 105 mg par personne
Calories : 228 par personne

POUR 2 PERSONNES :	CHOL.	CAL.
300 g de lieu coupé en dés ;	210	330
1 échalote hachée ;	0	7,50
1 clou de girofle ;	0	0
1 petit citron ;	0	43
1/4 de cuillerée à café de piment rouge haché ;	0	0
250 g de melon coupé en dés ;	0	75

	CHOL.	CAL.
1 cuillerée à soupe de persil haché ;	0	0,55
Sel.	0	0
	210	456,05

■ Mélangez dans un petit saladier le poisson, l'échalote, le jus du citron, le clou de girofle, le sel et le piment. Couvrez et laissez au réfrigérateur au moins 6 heures. Le jus de citron « cuit » le poisson ■ Juste avant de servir, ajoutez le melon et le persil.

Pour ceux qui ne suivent pas de régime : Ajouter de gros bouquets décortiqués.

POISSON MARINÉ
AUX LÉGUMES

Cholestérol : 110 mg par personne
Calories : 170 par personne

POUR 2 PERSONNES :	CHOL.	CAL.
400 g de filets de merlan ;	220	175
2 cuillerées à café de jus de citron ;	0	21,50
1/2 gros oignon ;	0	5,66
2 petites carottes ;	0	42
1 branche de céleri ;	0	10
2 cuillerées à soupe de vinaigre ;	0	0
2 cuillerées à café d'huile de tournesol ;	0	90
2 cuillerées à café de thym séché ;	0	0
1 pincée de poivre ;	0	0
1 feuille de laurier ;	0	0
1/2 cuillerée à café de paprika ;	0	0
Salade, persil, dés de citron ;	0	15
Sel.	0	0
	220	359,16

■ Nettoyez le poisson et coupez-le en lamelles. Arrosez de jus de citron et laissez de côté ■ Coupez en petites lamelles l'oignon, le céleri et les carottes ■ Mélangez le vinaigre, quatre cuillerées à soupe d'eau, le thym, le poivre, la feuille de laurier, le paprika et 1/2 cuillerée à café de sel ■ Dans une grande poêle, chauffez l'huile et faites dorer légèrement le poisson sur feu moyen pendant 5 minutes, puis retournez et laissez encore cuire 3 à 5 minutes, jusqu'à ce que la chair se coupe facilement à la fourchette. Retirez de la poêle et mettez dans un plat ■ Dans cette même poêle, faites cuire les carottes pendant 5 minutes. Ajoutez l'oignon et le céleri, et laissez cuire encore 5 minutes en remuant. Versez le mélange à base de vinaigre, couvrez et laissez cuire 3 minutes ■ Versez les légumes et la sauce sur le poisson et laissez refroidir. Couvrez le plat et mettez-le dans le réfrigérateur pendant 4 heures au moins ■ Servez avec une garniture de salade, persil et dés de citron.

Pour ceux qui ne suivent pas de régime : Accompagner d'une sauce ailloli.

POISSON VÉRONIQUE

Cholestérol : 88 mg par personne
Calories : 270 par personne

POUR 2 PERSONNES :	CHOL.	CAL.
350 g de cabillaud ;	175	175
2 cuillerées à soupe de ciboulette hachée ;	0	1,10
3 cuillerées à soupe de yaourt nature à 0 % de matières grasses ;	0	66
60 g de grains de raisins secs épépinés ;	0	194
1 cuillerée à soupe de parmesan râpé ;	0	39,30
1 gousse d'ail hachée ;	0	0
2 cuillerées à soupe de jus de citron ;	0	21,50
1 citron coupé en dés.	0	43
	175	539,90

■ Mélangez le yaourt, la ciboulette et l'ail ■ Coupez le poisson en dés et mettez-le dans un saladier avec le jus de citron. Ajoutez les raisins et mélangez ■ Répartissez le poisson et le raisin dans deux petis plats individuels ou un grand plat. Nappez avec le mélange au yaourt et parsemez de fromage râpé ■ Mettez au four 12 à 15 minutes, jusqu'à ce que le fromage soit fondu ■ Garnissez de dés de citron.

Pour ceux qui ne suivent pas de régime : Servir avec une béchamel au fromage.

ROUSSETTE
A LA VINAIGRETTE

Cholestérol : 105 mg par personne
Calories : 266 par personne

POUR 2 PERSONNES :	CHOL.	CAL.
350 g de roussette ;	210	346,50
1 bouquet garni ;	0	0
1 oignon ;	0	4,70
2 cuillerées à soupe d'huile de tournesol ;	0	180
1 cuillerée à soupe de vinaigre de cidre ;	0	0
1 cuillerée à soupe de câpres ;	0	0
Sel, poivre.	0	0
	210	531,20

■ Pelez l'oignon et coupez-le en quatre ■ Mettez la roussette dans une casserole avec l'oignon, le bouquet garni, du sel, et couvrez d'eau froide ■ Chauffez et comptez 8 minutes de cuisson à partir de l'ébullition ■ Mélangez l'huile, le vinaigre, le poivre et les câpres ■ Egouttez le poisson et servez-le chaud arrosé de la vinaigrette.

ROUSSETTE AU PERSIL

Cholestérol : 120 mg par personne
Calories : 220 par personne

POUR 2 PERSONNES :	CHOL.	CAL.
400 g de roussette ;	240	396
1/2 sachet de court-bouillon instantané ;	0	0
1 bouquet de persil ;	0	0,55
1 citron ;	0	43
Sel, poivre.	0	0
	240	439,55

■ Préparez le court-bouillon selon le mode d'emploi. Plongez-y le poisson. Chauffez jusqu'à ébullition et laissez frémir 10 minutes. Egouttez-le ■ Hachez le persil. Ajoutez-le au jus du citron. Salez, poivrez ■ Versez sur le poisson.

Pour ceux qui ne suivent pas de régime : Arroser de beurre fondu.

SAUMON A L'ORIENTALE

Cholestérol : 100 mg par personne
Calories : 402 par personne

POUR 2 PERSONNES :	CHOL.	CAL.
360 g de saumon ;	210	700
75 g de tomates ;	0	16,50
2 petits citrons ;	0	86
2 branches de persil ;	0	0,55
1 branchette de thym ;	0	0
1 feuille de laurier ;	0	0
4 grains de coriandre ;	0	0
1 pointe de couteau de safran ;	0	0
Sel.	0	0
	210	803,05

■ Mettez le poisson dans un plat allant au feu. Arrosez-le avec le jus des citrons. Ajoutez les tomates coupées chacune en huit morceaux et les épices. Salez ■ Mettez sur le feu. Couvrez le plat. Laissez cuire doucement 20 minutes ■ Servez froid dans le plat de cuisson.

Pour ceux qui ne suivent pas de régime : Accompagner de mayonnaise.

THON CRU
A LA CIBOULETTE

Cholestérol : 83 mg par personne
Calories : 426 par personne

POUR 2 PERSONNES :	CHOL.	CAL.
300 g de thon frais ;	165	675
1 cuillerée à soupe d'huile de tournesol :	0	90

2 citrons verts ;	0	86
1 bouquet de ciboulette ;	0	0,55
4 grains de coriandre ;	0	0
Sel.	0	0
	165	851,55

■ Coupez le thon en tranches minces de 5 millimètres environ d'épaisseur ■ Préparez la marinade en mélangeant l'huile avec le jus d'un citron vert, du sel et les grains de coriandre ■ Versez cette marinade dans un plat et placez-y les tranches de poisson. Mettez au réfrigérateur pendant 4 heures ; retournez les filets toutes les heures. Retirez-les de la marinade et égouttez-les ■ Placez les lamelles de thon sur deux assiettes. Décorez avec de très fines demi-tranches de citron vert et de la ciboulette hachée.

Pour ceux qui ne suivent pas de régime : Accompagner d'une sauce faite de thon à l'huile réduit en purée et délayé avec huile et vinaigre.

THON TARTARE

Cholestérol : 82,50 mg par personne
Calories : 368 par personne

POUR 2 PERSONNES :	CHOL.	CAL.
2 boîtes de thon au naturel de 166 g ;	165	675
1 cuillerée à soupe de persil haché ;	0	0,55
1 cuillerée à café de ciboulette hachée ;	0	0,55
1 cuillerée à soupe de câpres ;	0	0
1 cuillerée à soupe d'oignon haché ;	0	4,70
1 yaourt à 0 % de matières grasses ;	0	55
Sel.	0	0
	165	735,80

■ Passez le thon à la moulinette ou au mixer. Versez-le dans un saladier. Salez. Mélangez le tout ■ Formez des boules moyennes avec les mains, puis mettez-les dans un plat de service ■ Au centre de chaque boule, faites un creux et versez-y un mélange de câpres et d'oignon haché

■ Servez le thon tartare avec une sauce faite du yaourt battu avec le persil et la ciboulette hachés.

Pour ceux qui ne suivent pas de régime : Servir avec une mayonnaise aux câpres.

TRUITES AU SAFRAN

Cholestérol : 137,50 mg par personne
Calories : 201 par personne

POUR 2 PERSONNES :	CHOL.	CAL.
2 truites de 250 g chacune ;	275	375
1 oignon ;	0	4,70
1 dosette de safran ;	0	0
1/2 cuillerée à dessert de poudre de curry ;	0	0
2 petites tomates ;	0	22
Sel.	0	0
	275	401,70

■ Nettoyez et videz les truites ■ Pelez l'oignon et coupez-le en rondelles minces ■ Lavez les tomates et coupez-les en rondelles d'environ un doigt d'épaisseur ■ Mettez le tout dans une cocotte sur feu moyen 15 minutes. Salez, ajoutez le safran, le curry et les truites. Couvrez, laissez cuire pendant environ 20 minutes sur feu doux.

Pour ceux qui ne suivent pas de régime : Accompagner de beurre fondu, tiède, aromatisé de safran.

TRUITES
EN PAPILLOTES

Cholestérol : 137,50 mg par personne
Calories : 212 par personne

POUR 2 PERSONNES :	CHOL.	CAL.
2 truites de 250 g chacune ;	275	375
125 g de champignons de Paris ;	0	40
2 échalotes ;	0	7,50
3 branches de persil ;	0	0,55
Sel.	0	0
	275	423,05

■ Pelez les échalotes, hachez-les finement. Nettoyez les champignons. Hachez-les grossièrement. Hachez également le persil ■ Salez chaque truite. Posez chacune d'elles sur un papier d'aluminium d'une taille suffisante pour l'envelopper entièrement. Saupoudrez du hachis d'échalotes, champignons et persil. Fermez les papillotes ■ Mettez à cuire au four moyennement chaud pendant 20 minutes. Servez chaud dans les papillotes.

Pour ceux qui ne suivent pas de régime : Mettre des noi-settes de beurre sur les poissons avant de les enfermer dans les papillotes.

Viandes et volailles

ASSIETTE DE BŒUF CRU AU BASILIC

Cholestérol : 98 mg par personne
Calories : 304 par personne

POUR 2 PERSONNES :	CHOL.	CAL.
300 g de bœuf maigre, dans le filet ;	195	474
1 citron ;	0	43
8 feuilles de basilic frais ;	0	0,55
1 cuillerée à soupe d'huile d'olive ;	0	90
1 cuillerée à soupe de câpres ;	0	0
Feuilles de laitue (pour la décoration) ;	0	0
Sel, poivre du moulin.	0	0
	195	607,55

◼ Mettez la viande dans le réfrigérateur pendant au moins 2 heures afin de pouvoir plus facilement la couper en tranches aussi fines que possible ◼ Dans un bol, mélangez l'huile, le basilic haché et le jus du citron ◼ Tapissez deux grandes assiettes de deux ou trois feuilles de laitue et étalez dessus les fines lamelles de bœuf ◼ Arrosez la viande avec la sauce au basilic. Salez, poivrez au moulin ■ Parsemez de quelques câpres et servez bien frais.

Pour ceux qui ne suivent pas de régime : Accompagner de pommes de terre frites.

BITOKES A LA RUSSE

Cholestérol : 136,50 mg par personne
Calories : 254 par personne

POUR 2 PERSONNES :	CHOL.	CAL.
300 g de bœuf maigre haché ;	273	474
1/2 cuillerée à soupe de farine ;	0	34
1 cuillerée à soupe de persil haché ;	0	0,55
Sel de céleri.	0	0
	273	508,55

■ Mélangez du persil au bœuf haché. Salez. Formez deux galettes plates. Passez-les dans la farine ■ Mettez-les à sec dans un plat allant au four et faites-les cuire près du grilloir pendant 10 minutes en les retournant à mi-cuisson ■ Servez bien chaud saupoudré de persil haché.

Pour ceux qui ne suivent pas de régime : Poser sur chaque galette de viande un œuf cuit au plat.

BŒUF A LA FICELLE

Cholestérol : 171 mg par personne
Calories : 297 par personne

POUR 2 PERSONNES :	CHOL.	CAL.
385 g de romsteck coupé et ficelé en forme de rôti (sans barde) ;	341,25	592,50
Sel de céleri, poivre en grains.	0	0
	341,25	592,50

■ Attachez une ficelle de 30 centimètres environ à une extrémité du rôti ■ Faites chauffer 1,5 litre d'eau salée

contenant une dizaine de grains de poivre ■ Quand l'eau
bout, plongez-y le rôti en le tenant par la ficelle que vous
laisserez pendre à l'extérieur du récipient de cuisson ■ Laissez cuire 22 minutes puis retirez le rôti de l'eau en vous
servant de la ficelle ■ Servez aussitôt.

Pour ceux qui ne suivent pas de régime : Servir avec une
sauce béarnaise.

BŒUF A L'ANGLAISE

Cholestérol : 160 mg par personne
Calories : 323 par personne

POUR 2 PERSONNES :	CHOL.	CAL.
1 morceau de bœuf dans le romsteck de *350 g ;*	318,50	553
1 bouquet garni ;	0	0,55
250 g de navets ;	0	87,50
1 petit oignon ;	0	4,70
Sel.	0	0
	318,50	645,75

■ Pelez les navets. Coupez-les en quatre ■ Faites chauffer
2 litres d'eau salée. Quand elle bout, ajoutez le bouquet
garni, l'oignon et les navets. Laissez cuire 30 minutes ■
Plongez alors la viande dans l'eau en ébullition. Laissez
cuire à petit feu 15 minutes par livre de viande ■ Egouttez
les navets. Passez-les à la moulinette pour obtenir une
purée fine ■ Servez cette purée avec la viande ainsi que du
gros sel et de la moutarde.

Pour ceux qui ne suivent pas de régime : Accompagner
de raifort râpé battu avec de la crème fraîche.

BŒUF A L'ESPAGNOLE

Cholestérol : 82 mg par personne
Calories : 437 par personne

POUR 2 PERSONNES :	CHOL.	CAL.
250 g de bœuf maigre ;	162,50	395
3 oignons ;	0	15

	CHOL.	CAL.
2 gousses d'ail ;	0	0
1 cuillerée à soupe d'huile de maïs ;	0	90
1 cuillerée à soupe de concentré de tomate ;	0	22
100 g de riz ;	0	352
Sel.	0	0
	162,50	874

■ Dans une cocotte, faites chauffer l'huile. Quand elle commence à grésiller, ajoutez le bœuf coupé en morceaux. Faites revenir sur feu très vif en tournant fréquemment jusqu'à ce que les morceaux soient dorés ■ Pelez les oignons, coupez-les en rondelles de 2 à 3 millimètres d'épaisseur. Ajoutez-les dans la cocotte où se trouve déjà la viande. Salez, versez de l'eau juste en quantité nécessaire pour couvrir la viande ■ Ajoutez le concentré de tomate. Tournez avec une cuillère en bois afin que le concentré de tomate se mélange bien au reste ■ Pelez les gousses d'ail. Ecrasez-les sous une lame de couteau et mettez-les dans la cocotte. Ajoutez le riz. Mélangez bien. Couvrez et laissez cuire 25 à 30 minutes.

Pour ceux qui ne suivent pas de régime : Ajouter du fromage râpé pas trop dur, emmenthal ou gruyère.

BŒUF A L'ETOUFFÉE

Cholestérol : 136,50 mg par personne
Calories : 384 par personne

POUR 2 PERSONNES :	CHOL.	CAL.
300 g de romsteck ;	273	474
1 boîte 4/4 de champignons de Paris ;	0	64
2 échalotes ;	0	7,50
1 branchette de thym ;	0	0
1 feuille de laurier ;	0	0
2 tomates ;	0	22
30 g de margarine ;	0	201
Sel aux aromates, poivre.	0	0
	273	768,50

■ Coupez le romsteck en lamelles de la taille d'un doigt
■ Plongez les tomates 2 minutes dans l'eau bouillante.
Pelez-les et coupez-les en huit ■ Pelez les échalotes. Hachez-
les finement ■ Mettez ensemble dans une cocotte la viande,
les échalotes hachées, les morceaux de tomates, le thym,
le laurier, les champignons, du sel, du poivre et la margarine. Couvrez et laissez cuire 10 minutes sur feu moyen
■ Servez le tout ensemble bien chaud.

Pour ceux qui ne suivent pas de régime : Servir avec une
sauce moutarde à la crème.

BŒUF AU PAPRIKA

Cholestérol : 136,50 mg par personne
Calories : 472 par personne

POUR 2 PERSONNES :	CHOL.	CAL.
300 g de viande de bœuf maigre ;	273	474
250 g d'oignons ;	0	117,50
1/2 cuillerée à café de paprika en *poudre ;*	0	0
100 g de riz ;	0	352
Sel.	0	0
	273	943,50

■ Faites détailler la viande en une douzaine de morceaux
par votre boucher ■ Epluchez les oignons et coupez-les en
minces rondelles ■ Etalez la moitié des oignons dans une
cocotte. Posez dessus la viande. Saupoudrez de sel et de
la moitié de paprika. Couvrez avec une seconde couche
d'oignons. Saupoudrez avec le reste de paprika. Versez un
verre d'eau, couvrez et laissez mijoter pendant 45 minutes
sur feu très doux ■ 25 minutes avant de servir ajoutez le
riz. Tournez avec une cuillère en bois et versez deux verres
d'eau. Couvrez et laissez cuire jusqu'à ce que le liquide
ait été complètement absorbé.

Pour ceux qui ne suivent pas de régime : Servir avec une
sauce moitié béchamel, moitié crème fraîche, relevée de
paprika.

BŒUF AUX HARICOTS
A LA MEXICAINE

Cholestérol : 82 mg par personne
Calories : 420 par personne

POUR 2 PERSONNES :	CHOL.	CAL.
120 g de haricots secs ;	0	396
250 g de bœuf maigre haché ;	162,50	395
2 tomates (150 g) ;	0	22
1 oignon ;	0	4,70
1 poivron ;	0	22
2 gousses d'ail ;	0	0
Sel.	0	0
	162,50	839,70

■ Mettez les haricots à tremper au moins 4 heures à l'avance
■ Epluchez l'oignon, l'ail, les tomates (après les avoir
ébouillantées). Hachez finement une des deux gousses d'ail
et l'oignon ; écrasez les tomates à la fourchette ; coupez
le poivron en lanières ■ Dans une cocotte à revêtement
antiadhésif, mettez l'ail, l'oignon, la viande hachée et le
poivron ; salez. Versez ensuite les tomates fraîches, puis
les haricots bien égouttés. Mélangez le tout, recouvrez d'eau
■ Couvrez la cocotte et faites cuire doucement pendant
2 heures 30 minutes en vérifiant fréquemment que le contenu
n'attache pas. Ajoutez un peu d'eau si nécessaire.

Pour ceux qui ne suivent pas de régime : Arroser le plat,
au moment de servir, d'huile tiède.

BŒUF AUX LÉGUMES
CROQUANTS

Cholestérol : 136,50 mg par personne
Calories : 443 par personne

POUR 2 PERSONNES :	CHOL.	CAL.
300 g de romsteck coupé en lamelles de l'épaisseur de la moitié d'un petit doigt ;	273	474

	CHOL.	CAL.
1/4 de pied de céleri ;	0	5
1 petit oignon ;	0	4,70
2 carottes ;	0	42
4 petits bouquets de chou-fleur ;	0	30
200 g de haricots verts fins ;	0	240
1 cuillerée et demie à soupe de sauce de soja ;	0	0
1 cuillerée à soupe d'huile de tournesol.	0	90
	273	885,70

■ Coupez en lamelles minces le céleri et l'oignon. Nettoyez les carottes, détaillez-les en bâtonnets de la taille de la moitié d'un petit doigt. Lavez les autres légumes ■ Plongez tous les légumes dans 1/3 de litre d'eau en ébullition pendant 10 minutes. Egouttez, gardez l'eau ■ Chauffez l'huile dans une grande poêle. Faites-y revenir les légumes pendant 2 minutes sur feu vif. Ajoutez la viande et la sauce de soja. Laissez cuire 5 minutes. Ajoutez enfin une demi-tasse de l'eau des légumes. Mélangez bien. Comptez encore 5 minutes de cuisson et servez.

Pour ceux qui ne suivent pas de régime : Accompagner de petits oignons rissolés.

BŒUF EN LANGUETTES

Cholestérol : 98 mg par personne
Calories : 250 par personne

POUR 2 PERSONNES :	CHOL.	CAL.
300 g de filet de bœuf coupé en languettes de 3 cm environ de long, sur 1 cm d'épaisseur ;	195	474
1 cuillerée à soupe de concentré de tomate ;	0	22
2 cuillerées à café de moutarde ;	0	0
Sel, poivre.	0	0
	195	496

■ Mettez les languettes de viande dans une poêle anti-adhésive. Faites revenir à feu vif pendant 5 minutes environ en remuant les morceaux ■ Dans un bol, mélangez la moutarde, le concentré de tomate et une cuillerée à soupe d'eau. Salez et poivrez ■ Versez la préparation sur la viande dans la poêle. Chauffez et servez.

Pour ceux qui ne suivent pas de régime : Ajouter à la sauce tomate de la crème fraîche.

BŒUF SUZON

Cholestérol : 98 mg par personne
Calories : 302 par personne

POUR 2 PERSONNES :	CHOL.	CAL.
300 g de bœuf (filet) ;	195	474
1 cuillerée à soupe d'huile de tournesol ;	0	90
1 oignon ;	0	4,70
2 tomates ;	0	22
1 cuillerée à café de sauce de soja ;	0	0
1 poivron vert ;	0	22
Sel.	0	0
	195	612,70

■ Coupez la viande en lamelles minces de 5 millimètres d'épaisseur ■ Dans une sauteuse, faites chauffer l'huile. Jetez-y les morceaux de viande. Faites-les revenir vivement 2 ou 3 minutes. Salez, puis baissez la flamme et laissez cuire doucement environ 10 minutes ■ Ajoutez l'oignon finement émincé, le poivron coupé en minces lamelles, les tomates pelées et coupées en huit morceaux. Mouillez avec la sauce de soja (achetée toute préparée en petite bouteille) ■ Couvrez et laissez cuire doucement pendant 20 minutes.

Pour ceux qui ne suivent pas de régime : Accompagner de frites.

BROCHETTES DE POULET AU CITRON

Cholestérol : 136,50 mg par personne
Calories : 323 par personne

POUR 2 PERSONNES :	CHOL.	CAL.
2 blancs de poulet sans peau (300 g) ;	273	450
2 cuillerées à café d'huile de maïs ;	0	90
2 petites courgettes ;	0	31
1 gros citron	0	43
100 g de champignons frais ;	0	32
1 cuillerée à café de vinaigre ;	0	0
1 pincée de poivre de Cayenne ;	0	0
Sel.	0	0
	273	646

■ Grattez l'équivalent d'une cuillerée à café de zeste du citron, puis pressez le jus du citron dans un saladier. Ajoutez le zeste, l'huile, le vinaigre, le sel et le poivre de Cayenne ■ Coupez chaque blanc de poulet en quatre ou cinq morceaux de forme carrée. Coupez les courgettes en trois morceaux chacune ■ Ajoutez le poulet, les courgettes et les champignons au mélange à base de jus de citron, et remuez bien pour que la sauce recouvre chaque morceau. Couvrez et laissez au réfrigérateur au moins 3 heures en remuant de temps à autre ■ Pour faire cuire, enfilez les morceaux de poulet et de courgette, ainsi que les champignons alternativement sur des brochettes. Placez-les sur un gril ou un barbecue et laissez griller 10 à 15 minutes, en tournant régulièrement les brochettes ■ Arrosez plusieurs fois de la marinade en cours de cuisson.

Pour ceux qui ne suivent pas de régime : Accompagner d'une sauce chaude faite avec un peu de la marinade, un œuf, deux cuillerées de crème, le tout battu au fouet au bain-marie.

CROQUETTES ALSACIENNES

Cholestérol : 117 mg par personne
Calories : 210 par personne

POUR 2 PERSONNES :	CHOL.	CAL.
300 g de cheval haché ;	234	330
1 oignon ;	0	4,70
1 cuillerée à soupe de persil haché ;	0	0,55
1 cuillerée à soupe d'huile de maïs ;	0	90
1 cuillerée à soupe de grains de cumin ;	0	0
Sel.	0	0
	234	425,55

■ Pelez l'oignon et hachez-le ■ Mélangez la viande, l'oignon, le persil. Salez. Formez 4 boulettes rondes. Roulez-les dans les grains de cumin ■ Mettez les boulettes dans un plat allant au four. Arrosez-les d'huile. Faites cuire 20 minutes à four chaud.

Pour ceux qui ne suivent pas de régime : Servir avec des lamelles de münster.

CROQUETTES DE BŒUF AUX CHAMPIGNONS

Cholestérol : 136,50 mg par personne
Calories : 261 par personne

POUR 2 PERSONNES :	CHOL.	CAL.
300 g de steak haché ;	273	474
150 g de champignons de Paris ;	0	48
1 cuillerée à dessert de persil haché ;	0	0,55
Sel, poivre.	0	0
	273	522,55

■ Nettoyez et hachez les champignons de Paris. Mélangez-les au persil et à la viande hachée. Ajoutez sel et poivre

■ Triturez bien avec une fourchette puis malaxez avec les mains. Formez quatre croquettes ■ Enveloppez chaque croquette dans du papier d'aluminium. Faites cuire 15 minutes à four très chaud.

FAUX-FILET MISTRAL

Cholestérol : 159,30 mg par personne
Calories : 288 par personne

POUR 2 PERSONNES :	CHOL.	CAL.
350 g de faux-filet en un seul morceau ;	318,50	553
2 gousses d'ail ;	0	0
2 tomates ;	0	22
1 cuillerée à dessert de persil haché ;	0	0,55
2 cuillerées à soupe de vin rouge ;	0	0
Sel, poivre.	0	0
	318,50	575,55

■ Pelez les tomates et coupez-les en morceaux. Pelez les gousses d'ail ■ Mettez les tomates et l'ail dans une petite casserole sur feu doux. Ajoutez le vin, du sel et du poivre. Couvrez, laissez cuire 10 minutes ■ Faites griller la viande 4 à 5 minutes sur chaque face ■ Servez nappé de la sauce tomate et saupoudré de persil haché.

FILETS A L'AIL

Cholestérol : 82 mg par personne
Calories : 265 par personne

POUR 2 PERSONNES :	CHOL.	CAL.
2 morceaux de filet de bœuf de 125 g chacun ;	162,50	395
20 g de margarine ;	0	134
3 gousses d'ail ;	0	0
1/2 cuillerée à soupe de persil haché ;	0	0,55
Sel.	0	0
	162,50	529,55

■ Hachez l'ail très finement. Mélangez le hachis d'ail et de persil et la margarine ■ Faites chauffer une poêle anti-adhésive sur feu vif. Quand elle est chaude, mettez les steaks à cuire 2 minutes de chaque côté ■ Posez les steaks dans un plat chaud, salez et garnissez de la margarine aillée. Servez aussitôt.

Pour ceux qui ne suivent pas de régime : Remplacer la margarine par du beurre.

FILETS DE DINDE AU CHOU

Cholestérol : 147,50 par personne
Calories : 450 par personne

POUR 2 PERSONNES :	CHOL.	CAL.
2 filets de dinde (325 g) ;	295	695,50
500 g de choux ;	0	140
50 g d'oignons ;	0	23,50
3 carottes ;	0	42
Sel, poivre.	0	0
	295	901

■ Faites chauffer 1,5 litre d'eau salée dans une grande casserole ■ Lavez les choux. Coupez les trognons, enlevez les feuilles flétries. Laissez les choux entiers. Grattez les carottes. Lavez-les, coupez-les en rondelles. Pelez les oignons, coupez-les en quatre ■ Quand l'eau bout, plongez-y les choux, laissez-les bouillir 2 minutes, égouttez-les ■ Dans le fond d'une cocotte, mettez les rondelles de carotte, les morceaux d'oignons puis les filets de dinde que vous entourerez des choux. Salez, poivrez. Couvrez et laissez cuire doucement pendant 15 minutes ■ Versez alors dans la cocotte un verre d'eau et achevez la cuisson sur tout petit feu pendant 45 minutes.

Pour ceux qui ne suivent pas de régime : Ajouter des lardons cuits à part.

GALETTE DE VIANDE

Cholestérol : 117 mg par personne
Calories : 224 par personne

POUR 2 PERSONNES :	CHOL.	CAL.
300 g de cheval haché ;	234	330
2 oignons ;	0	9,40
1 petite boîte de concentré de tomate ;	0	22
1 cuillerée à soupe d'huile de maïs ;	0	90
2 branches de thym séché ;	0	0
Sel.	0	0
	234	451,40

■ Hachez finement les oignons. Incorporez ce hachis au cheval haché ■ Aplatissez la viande en une sorte de grande galette aux dimensions de votre poêle ■ Dans la poêle, faites chauffer l'huile. Ajoutez la viande. Salez. Laissez cuire à feu doux pendant 15 minutes en retournant à mi-cuisson. Pour ne pas briser la galette de viande, faites-la glisser de la poêle sur une assiette et remettez-la dans la poêle sur l'autre face ■ Ouvrez la boîte de concentré de tomate et versez son contenu dans une casserole. Ajoutez le même volume d'eau, salez, et faites chauffer en tournant pour que la sauce soit bien liée ■ Mettez la viande dans un plat. Arrosez-la de la sauce tomate. Froissez entre vos mains, au-dessus du plat, les branches de thym pour en faire tomber les petites feuilles séchées qui aromatiseront la viande.

Pour ceux qui ne suivent pas de régime : Entourer d'aubergines frites.

HACHIS
A LA MILANAISE

Cholestérol : 98 mg par personne
Calories : 532 par personne

POUR 2 PERSONNES :	CHOL.	CAL.
300 g de bœuf maigre haché ;	195	474
100 g de riz ;	0	352

	CHOL.	CAL.
3 oignons ;	0	14,10
30 g de margarine ;	0	201
1 boîte de sauce tomate ;	0	22
Sel.	0	0
	195	1 063,10

■ Pelez les oignons. Coupez-les en fines tranches ■ Faites cuire le riz 20 minutes à grande eau bouillante salée ; égouttez-le ■ Faites revenir la viande et les oignons ensemble à la poêle, dans la margarine, pendant 7 à 8 minutes. Salez ■ Mettez le riz dans un plat à gratin. Placez dessus la viande et les oignons. Nappez de sauce tomate. Faites gratiner au four ■ Servez dans le plat de cuisson.

Pour ceux qui ne suivent pas de régime : Du fromage râpé en plus.

LAPIN A LA MOUTARDE

Cholestérol : 160 mg par personne
Calories : 174 par personne

POUR 2 PERSONNES :	CHOL.	CAL.
1 râble de lapin (350 g) ;	319	348
1 pot de moutarde ;	0	0
	319	348

■ Badigeonnez entièrement le lapin de moutarde en vous servant d'une spatule de bois, ou plus simplement de vos doigts ■ Mettez-le dans un plat allant au four et placez-le dans le four bien chaud ■ Laissez cuire ainsi le lapin pendant 45 minutes en l'arrosant fréquemment avec de l'eau chaude.

Pour ceux qui ne suivent pas de régime : Flamber au cognac au moment de servir.

LAPIN AUX CERISES

Cholestérol : 136,50 mg par personne
Calories : 400 par personne

POUR 2 PERSONNES :	CHOL.	CAL.
2 *morceaux de râble de 150 g environ chacun* ;	273	299
400 *g de cerises* ;	0	300
30 *g de margarine* ;	0	201
Sel.	0	0
	273	800

■ Chauffez la margarine dans une cocotte et mettez à dorer les morceaux de lapin 10 minutes environ. Salez ■ Ajoutez quatre cuillerées à soupe d'eau. Couvrez. Laissez mijoter à feu doux 1 heure ■ Pendant ce temps, dénoyautez les cerises. Ajoutez-les dans la cocotte 30 minutes avant la fin de la cuisson du lapin ■ Servez le tout ensemble, bien chaud.

Pour ceux qui ne suivent pas de régime : Ajouter des lardons cuits à part dans du beurre.

PAUPIETTES AUX ÉCHALOTES

Cholestérol : 114 mg par personne
Calories : 323 par personne

POUR 2 PERSONNES :	CHOL.	CAL.
4 *fines tranches de bœuf maigre de 8 cm sur 5 chacune (350 g)* ;	227,50	553
5 *échalotes* ;	0	7,50
2 *gousses d'ail* ;	0	0
4 *carottes* ;	0	84
1/2 *verre de vin rouge* ;	0	0
Bouquet garni, persil ;	0	0,55
Sel, poivre.	0	0
	227,50	645,05

■ Hachez ensemble dix brins de persil, les échalotes, les gousses d'ail ■ Au milieu de chaque tranche de bœuf, mettez une cuillerée de cette farce ; enroulez la viande autour de la farce pour former des paupiettes ■ Hachez grossièrement les carottes ■ Dans une cocotte, mettez les paupiettes et le hachis de carottes, mouillez avec le vin. Laissez réduire la sauce dans la cocotte ouverte pendant 5 minutes environ. Ajoutez un verre d'eau et le bouquet garni. Salez, poivrez, couvrez et laissez mijoter pendant 30 minutes.

Pour ceux qui ne suivent pas de régime : Accompagner de pommes de terre rissolées au beurre et aillées.

PILAF DE LA FERMIÈRE

Cholestérol : 137 mg par personne
Calories : 510 par personne

POUR 2 PERSONNES :	CHOL.	CAL.
2 gros blancs de poulet (150 g chacun) ;	273	450
3 tomates ;	0	33
1 oignon ;	0	4,70
100 g de riz ;	0	352
2 cuillerées à soupe d'huile de maïs ;	0	180
1 branche de thym ;	0	0
1 feuille de laurier ;	0	0
Sel, poivre.	0	0
	273	1 019,70

■ Pelez l'oignon et hachez-le finement. Coupez les blancs de poulet en lamelles ■ Mettez l'huile dans la cocotte. Faites-la chauffer. Quand elle commence à grésiller, mettez-y l'oignon haché et les lamelles de poulet. Laissez cuire doucement pendant 3 ou 4 minutes (l'oignon doit être alors blond mais non doré) ■ Ajoutez le riz bien sec et les tomates coupées en quartiers ; laissez cuire pendant 3 ou 4 minutes en tournant sans cesse avec une cuillère en bois ■ Ajoutez alors dans la cocotte de l'eau bouillante (une fois et demie le volume du riz), le thym, le laurier, du sel et du poivre. Couvrez et laissez cuire tout doucement jusqu'à ce que le riz ait complètement absorbé l'eau, ce qui représente environ 20 minutes.

Pour ceux qui ne suivent pas de régime : Servir avec des foies de volaille saisis au beurre.

POT-AU-FEU MAIGRE

Cholestérol : 182 mg par personne
Calories : 389 par personne

POUR 4 PERSONNES :	CHOL.	CAL.
800 g d'aiguillette ;	728	1 264
4 poireaux ;	0	84
8 carottes ;	0	168
4 navets ;	0	35
1 oignon ;	0	4,70
1 bouquet garni ;	0	0,55
1 branche de céleri ;	0	2
Sel.	0	0
	728	1 556,25

■ Nettoyez tous les légumes. Plongez-les dans de l'eau salée en ébullition en même temps que la viande. Ecumez (il y a très peu d'écume, la viande étant maigre) ■ Laissez cuire 2 heures à petit feu.

Pour ceux qui ne suivent pas de régime : Des os à moelle cuits à part dans un peu de bouillon.

POULE EN POT-AU-FEU

Cholestérol : 225 mg par personne
Calories : 550 par personne

POUR 4 PERSONNES :	CHOL.	CAL.
1 petite poule de 1,2 kg environ ;	900	2 100
2 oignons ;	0	9,40
1 gousse d'ail ;	0	0
4 navets ;	0	35
1 branche de céleri ;	0	2

1 cœur de petit chou vert ;	0	56
1 clou de girofle ;	0	0
1 bouquet garni ;	0	0,55
Sel aux aromates, poivre.	0	0
	900	2 202,95

■ Epluchez les légumes en les laissant entiers ■ Faites chauffer 1,5 litre d'eau. Quand elle bout, ajoutez les oignons (l'un piqué du clou de girofle), le bouquet garni, du sel et du poivre ■ Laissez bouillir 15 minutes puis ajoutez le chou, l'ail, le céleri, les navets et la poule ■ Laissez cuire à petit feu, 1 heure environ. Ecumez le bouillon chaque fois que c'est nécessaire. Servez la poule avec les légumes et le bouillon.

Pour ceux qui ne suivent pas de régime : Servir avec une sauce poulette.

POULET A LA BASQUAISE

Cholestérol : 137 mg par personne
Calories : 315 par personne

POUR 2 PERSONNES :	CHOL.	CAL.
2 blancs de poulet de 150 g chacun, sans la peau ;	273	450
1 kg de tomates ;	0	120
100 g d'oignons ;	0	4,70
250 g de poivrons ;	0	55
2 gousses d'ail ;	0	0
Persil ;	0	0,55
Sel.	0	0
	273	630,25

■ Plongez les tomates dans de l'eau bouillante. Epluchez-les et coupez-les en huit ■ Epépinez les poivrons ; hachez-les grossièrement ainsi que l'ail et les oignons ■ Mettez les légumes dans une cocotte. Salez. Placez dessus les blancs de poulet ■ Couvrez, mettez sur le feu et laissez cuire doucement 40 minutes.

Pour ceux qui ne suivent pas de régime : Mêler aux légumes des lamelles de jambon de Bayonne.

POULET A L'AIL

Cholestérol : 273 mg par personne
Calories : 690 par personne

POUR 4 PERSONNES :	CHOL.	CAL.
1 poulet de 1,2 kg environ ;	1 092	2 100
1/2 verre d'huile de maïs ;	0	180
40 gousses d'ail ;	0	140
1 bouquet garni ;	0	0,55
1 branche de céleri ;	0	0
1 bol de farine ;	0	340
Sel, poivre.	0	0
	1 092	2 760,55

■ En ajoutant de l'eau à la farine et en pétrissant le tout, préparez une petite boule de pâte que vous étirerez en un cordon d'un gros doigt d'épaisseur ■ Salez et poivrez l'intérieur du poulet ; glissez-y le bouquet garni et la branche de céleri ■ Dans le fond d'une terrine à couvercle, versez l'huile, un verre d'eau et mettez les gousses d'ail non pelées. Posez le poulet dessus. Placez le couvercle, et rendez la terrine parfaitement hermétique en collant le boudin de pâte tout autour du couvercle ■ Mettez au four et laissez cuire 1 heure 30 minutes ■ Portez la terrine à table et n'enlevez le couvercle qu'au moment de servir. L'ail forme une purée délicieusement parfumée.

Pour ceux qui ne suivent pas de régime : Des croûtons frits à tartiner de purée d'ail.

POULET A L'AMÉRICAINE

Cholestérol : 273 mg par personne
Calories : 986 par personne

POUR 4 PERSONNES :	CHOL.	CAL.
1 poulet de 1,2 kg ;	1 092	2 100
150 g de riz ;	0	528
80 g de margarine ;	0	608

	CHOL.	CAL.
1 boîte de grains de maïs (180 g environ) ;	0	630
1 douzaine de petits oignons ;	0	47
150 g de céleri en branche ;	0	30
Sel, poivre.	0	0
	1 092	3 943

■ Enduisez le poulet de margarine (40 grammes), salez, poivrez. Mettez-le au four (préalablement chauffé 10 minutes) pendant 40 minutes ■ Epluchez le céleri et détaillez-le en petits dés. Pelez les oignons, coupez-les en deux ■ Dans une sauteuse, faites fondre le reste de margarine. Quand elle commence à grésiller, jetez-y les oignons, le céleri, du sel et du poivre. Laissez revenir jusqu'à ce que les légumes soient tendres ■ Versez le riz dans la sauteuse contenant les légumes. Ajoutez deux verres d'eau. Couvrez et faites cuire à feu moyen jusqu'à ce que le liquide soit complètement absorbé ■ A la fin de la cuisson, mélangez au riz les grains de maïs égouttés ■ Sortez le poulet du four, coupez-le en huit morceaux. Etalez le riz sur un plat de service ; disposez les morceaux de poulet par-dessus. Arrosez du jus de cuisson ■ Servez avec le mélange riz, légumes et maïs.

Pour ceux qui ne suivent pas de régime : Préparer une petite sauce à servir à part : hachis d'échalotes doucement blondi au beurre et parfumé d'un peu de whisky.

POULET A L'ESTRAGON

Cholestérol : 137 mg par personne
Calories : 269 par personne

POUR 2 PERSONNES :	CHOL.	CAL.
2 blancs de poulet sans peau (300 g) ;	273	450
1 petit-suisse à 0 % de matières grasses ;	0	8,80
2 branches d'estragon ;	0	0
Sel.	0	0
	273	458,80

■ Détachez les feuilles des branches d'estragon. Hachez-les. Mélangez ce hachis avec le petit-suisse ■ Mettez les blancs de poulet dans un plat allant au four ; salez ; versez dans le fond du plat un tiers de verre d'eau. Ajoutez le mélange petit-suisse et estragon ■ Faites cuire à four moyen pendant 30 minutes environ. Arrosez en cours de cuisson ■ Servez chaud.

Pour ceux qui ne suivent pas de régime : Accompagner d'une sauce mornay (béchamel additionnée de fromage).

POULET AUX AROMATES

Cholestérol : 273 mg par personne
Calories : 687 par personne

POUR 4 PERSONNES :	CHOL.	CAL.
1 poulet de 1,2 kg ;	1 092	2 100
18 feuilles d'estragon ;	0	0
2 branchettes de thym ;	0	0
18 feuilles de romarin ;	0	0
6 feuilles de basilic ;	0	0
3 cuillerées à soupe de farine ;	0	102
3 cuillerées à soupe d'huile de maïs ;	0	270
250 g de petits oignons ;	0	117,50
500 g de champignons de Paris ;	0	160
Sel.	0	0
	1 092	2 749,50

■ Coupez le poulet en six morceaux : deux ailes, deux cuisses, deux moités de carcasse ■ Piquez à l'aide de la pointe d'un couteau très effilé la chair de chaque morceau et introduisez dans chaque fente une feuille d'estragon ou de romarin ou de basilic. Chaque morceau doit être piqué de trois feuilles d'estragon, d'une de basilic et de trois feuilles de romarin ■ Farinez légèrement les morceaux de poulet et parsemez-les de thym ■ Faites-les revenir vivement à la cocotte dans de l'huile, puis retirez-les de la cocotte ■ Faites revenir, dans la même cocotte, les petits oignons et les têtes de champignons nettoyés ■ Remettez les morceaux du poulet dans la cocotte. Salez. Cuisez à feu très doux, pendant 1 heure 15 minutes dans la cocotte couverte.

Pour ceux qui ne suivent pas de régime : Excellent avec des beignets de courgettes.

POULET
AUX AUBERGINES

Cholestérol : 273 mg par personne
Calories : 624 par personne

POUR 4 PERSONNES :	CHOL.	CAL.
1 poulet de 1 kg coupé en morceaux ;	1 092	2 100
3 aubergines ;	0	87
3 oignons ;	0	14,10
3 cuillerées à soupe d'huile de maïs ;	0	270
1 boîte de sauce tomate ;	0	22
Ciboulette ;	0	0,55
Sel.	0	0
	1 092	2 495,65

■ Coupez en gros dés les aubergines sans les peler. Hachez grossièrement les oignons ■ Dans la cocotte, faites chauffer l'huile et mettez les morceaux de poulet à dorer sur toutes leurs faces pendant 5 ou 6 minutes. Salez ■ Ajoutez les oignons et les aubergines, couvrez et laissez cuire 1 heure ■ 15 minutes avant la fin de la cuisson, versez la sauce tomate et mélangez ■ Servez saupoudré de ciboulette hachée.

Pour ceux qui ne suivent pas de régime : En plus, des rondelles d'oignons frits.

POULET
AUX POINTES D'ASPERGES

Cholestérol : 137 mg par personne
Calories : 316 par personne

POUR 2 PERSONNES :	CHOL.	CAL.
2 blancs de poulet sans peau (300 g) ;	273	450
375 g d'asperges ;	0	97,50
1 bouquet garni ;	0	0,55
1/2 oignon ;	0	2,35
1 carotte ;	0	21
1 clou de girofle ;	0	0

2 petits-suisses à 0 % de matières grasses ;	0	17,60
1 citron ;	0	43
Sel aux aromates.	0	0
	273	632

◼ Mettez le poulet dans un faitout avec le demi-oignon piqué du clou de girofle, la carotte nettoyée, le bouquet garni et du sel. Ajoutez de l'eau chaude juste à hauteur. Couvrez. Mettez sur le feu pendant 1 heure ◼ Egouttez le poulet. Coupez-le en quatre morceaux. Gardez le bouillon de cuisson ◼ Nettoyez les asperges. Ne gardez que les extrémités. Faites-les cuire 30 minutes dans le bouillon de cuisson du poulet. Egouttez-les ◼ Disposez sur un plat, en les alternant, les morceaux de poulet et les pointes d'asperge ◼ Délayez les petits-suisses avec le jus du citron pour obtenir une sauce onctueuse. Nappez-en les morceaux de poulet et les asperges ◼ Servez froid.

Pour ceux qui ne suivent pas de régime : Remplacer la sauce aux petits-suisses par de la mayonnaise.

POULET AUX POIREAUX

Cholestérol : 364 mg par personne
Calories : 755 par personne

POUR 2 PERSONNES :	CHOL.	CAL.
1 poulet (800 g environ) ;	728	1 400
1 gousse d'ail ;	0	0
1/2 verre de vin blanc ;	0	4
2 cuillerées à soupe de concentré de tomate ;	0	22
6 poireaux ;	0	84
Sel, poivre.	0	0
	728	1 510

◼ Faites revenir le poulet dans une cocotte à revêtement antiadhésif pour qu'il soit bien doré sur toutes ses faces ◼ Versez dans la cocotte le vin blanc et le concentré de tomate avec un demi-verre d'eau. Ajoutez la gousse d'ail écrasée sous la lame d'un couteau pour qu'elle dégage bien tout son parfum ◼ Ajoutez les poireaux coupés en morceaux de 4 à 5 centimètres de long environ. Posez dessus le poulet. Salez, poivrez ■ Couvrez et achevez la cuisson sur feu doux pendant 1 heure environ.

Pour ceux qui ne suivent pas de régime : Accompagner de pommes sautées.`

POULET EN ESTOUFFADE

Cholestérol : 137 mg par personne
Calories : 508 par personne

POUR 2 PERSONNES :	CHOL.	CAL.
2 blancs de poulet sans peau (300 g) ;	273	450
8 oignons ;	0	37,50
8 carottes ;	0	168
8 pommes de terre nouvelles ;	0	360
1 bouquet garni ;	0	0,55
Sel.	0	0
	273	1 016,05

■ Pelez les oignons et les carottes. Coupez-les en tranches. Mettez-les dans une cocotte ■ Posez sur les oignons et les carottes les blancs de poulet et le bouquet garni. Ajoutez de l'eau juste à hauteur de la volaille. Salez. Faites cuire sur feu assez vif 45 minutes ■ Pendant ce temps, pelez les pommes de terre nouvelles. Mettez-les dans la cocotte quand le poulet aura cuit 35 minutes. Laissez cuire encore 20 minutes ■ Servez les blancs de poulet entourés de pommes de terre et accompagnés de la sauce de cuisson.

Pour ceux qui ne suivent pas de régime : Accompagner de beurre fondu relevé de paprika.

POULET
EN SALADE AU YAOURT

Cholestérol : 182 mg par personne
Calories : 342 par personne

POUR 2 PERSONNES :	CHOL.	CAL.
2 blancs de poulet (400 g) ;	364	600
1 yaourt à 0 % de matières grasses ;	0	55
1 oignon blanc ;	0	4,70
2 tomates ;	0	22
Feuilles de salade ;	0	1,80
Sel.	0	0
	364	683,50

■ Faites cuire les blancs de poulet à l'eau bouillante salée
20 à 25 minutes jusqu'à ce que la chair soit juste tendre
■ Coupez-les en minces lamelles. Mélangez-les au yaourt
et à l'oignon blanc ■ Servez froid sur des feuilles de salade
garnies de dés de tomate.

Pour ceux qui ne suivent pas de régime : De la mayonnaise au citron.

POULET MARINÉ

Cholestérol : 137 mg par personne
Calories : 276 par personne

POUR 2 PERSONNES :	CHOL.	CAL.
2 blancs de poulet sans peau (300 g) ;	273	450
2 cuillerées à café d'huile de maïs ;	0	90
Pour la marinade :		
2 cuillerées à café de sauce de soja ;	0	0
1 cuillerée à café de farine de maïs ;	0	3,40
2 oignons émincés ;	0	9,40
Sel.	0	0
	273	552,80

■ Coupez le blanc de poulet en petits dés d'environ 1 centimètre de côté. Mettez-les dans un saladier avec la mari-

nade ■ Faites chauffer une cuillerée à café d'huile dans une poêle. Retirez le poulet de la marinade que vous conserverez. Mettez les morceaux de poulet dans l'huile chaude et faites-les cuire environ 4 minutes, jusqu'à ce que la chair blanchisse ■ Ajoutez la marinade et remuez sur le feu environ 3 minutes, jusqu'à ce que la sauce épaississe.

Pour ceux qui ne suivent pas de régime : Servir avec des anneaux d'oignons frits.

POULET POCHÉ PRINTANIÈRE

Cholestérol : 137 mg par personne
Calories : 532 par personne

POUR 2 PERSONNES :	CHOL.	CAL.
2 blancs de poulet de 150 g chacun, sans peau ;	273	450
8 carottes nouvelles ;	0	168
4 navets ;	0	70
1 branche de céleri ;	0	2
400 g de petits pois écossés ;	0	**368**
4 oignons nouveaux ;	0	4,70
1 bouquet garni ;	0	0,55
Sel, poivre.	0	0
	273	1 063,25

■ Nettoyez les légumes. Laissez-les entiers ■ Dans une marmite à pot-au-feu versez 2 litres d'eau froide. Portez à ébullition. Ajoutez les carottes, les navets et le céleri, le bouquet garni, assaisonnez, laissez cuire à petit feu pendant 1 heure ■ 20 minutes avant la fin de la cuisson, ajoutez les petits pois, les oignons nouveaux et les blancs de poulet ■ Servez les morceaux de volaille entourés des légumes, le tout bien égoutté.

Pour ceux qui ne suivent pas de régime : Accompagner de sauce poulette.

POULET
SAUCE PIQUANTE

Cholestérol : 137 mg par personne
Calories : 266 par personne

POUR 2 PERSONNES :	CHOL.	CAL.
300 g de blancs de poulet sans peau ;	273	450
1 cuillerée à café d'huile de maïs ;	0	45
1 gousse d'ail hachée ;	0	0
1 tomate mûre, coupée en morceaux ;	0	11
2 cœurs d'artichaut en boîte ;	0	20
1 cuillerée à café de concentré de tomate ;	0	5
1 cuillerée à soupe de vinaigre de cidre ;	0	0
1/2 cuillerée à café de thym séché ;	0	0
Sel.	0	0
	273	531

■ Faites chauffer l'huile dans une poêle et faites-y dorer le poulet 5 minutes de chaque côté ■ Retirez le poulet de la poêle et placez-y tous les autres ingrédients, excepté les cœurs d'artichaut. Laissez cuire en remuant pendant 3 ou 4 minutes ■ Remettez le poulet dans la poêle avec ce mélange, salez, couvrez et laissez cuire à feu doux 20 à 25 minutes, jusqu'à ce que le poulet soit tendre ■ Ajoutez les cœurs d'artichaut 5 minutes avant la fin de la cuisson.

RÔTI DE BŒUF
A LA COCOTTE

Cholestérol : 228 mg par personne
Calories : 402 par personne

POUR 4 PERSONNES :	CHOL.	CAL.
1 kg de rôti ficelé mais non bardé ;	910	1 580
6 oignons ;	0	28,20
1 feuille de laurier ;	0	0
Sel, poivre.	0	0
	910	1 608,20

■ Pelez les oignons. Coupez-les en lamelles. Mettez-les dans une cocotte avec sel et poivre. Posez la viande dessus. Ajoutez le laurier et un demi-verre d'eau ■ Commencez la cuisson à feu vif, sans couvrir pendant 5 minutes environ, puis retournez la viande. Couvrez et laissez cuire encore 15 minutes.

ROMSTECK
A LA TARTARE

Cholestérol : 114 mg par personne
Calories : 202 par personne

POUR 2 PERSONNES :	CHOL.	CAL.
250 g de romsteck haché ;	227,50	395
2 cuillerées à café de moutarde ;	0	0
1 cuillerée à café de jus de citron ;	0	4,30
1/2 cuillerée à café de sauce anglaise ;	0	0
1 oignon moyen haché ;	0	4,70
2 cuillerées à soupe de câpres ;	0	0
2 cuillerées à dessert de persil haché.	0	0,55
	227,50	404,55

■ Pelez l'oignon, hachez-le menu ■ Dans le fond d'un saladier, mélangez le jus de citron et la moutarde. Tournez bien avec une cuillère, puis ajoutez le persil, l'oignon, les câpres, la sauce anglaise et la viande. Mélangez le tout avec deux fourchettes ■ Répartissez la préparation dans des assiettes individuelles que vous décorerez de persil ou d'un peu de salade.

Pour ceux qui ne suivent pas de régime : Mélanger un jaune d'œuf cru à la viande hachée.

STEAKS AU RAIFORT

Cholestérol : 164 mg par personne
Calories : 490 par personne

POUR 2 PERSONNES :	CHOL.	CAL.
2 tranches de romsteck de 185 g chacune ;	327,60	568,80
1/2 pot de raifort râpé ;	0	31
50 g de margarine ;	0	380
Sel.	0	0
	327,60	979,80

■ Ecrasez à la fourchette la margarine et le raifort pour bien les mélanger ■ Faites cuire les romsteaks à la poêle antiadhésive 3 minutes sur chaque face. Salez après la cuisson ■ Disposez les steaks sur un plat chaud et posez sur chacun d'eux un morceau de margarine au raifort. Servez immédiatement.

Pour ceux qui ne suivent pas de régime : Remplacer la margarine par du beurre pour mélanger au raifort.

TOURNEDOS A LA DIJONNAISE

Cholestérol : 81,25 mg par personne
Calories : 200 par personne

POUR 2 PERSONNES :	CHOL.	CAL.
2 tournedos de 125 g chacun ;	162	395
2 cuillerées à soupe de moutarde au poivre vert.	0	0
	162	395

■ Tartinez les tournedos de moutarde sur leurs deux faces ■ Faites griller sur feu vif 3 minutes de chaque côté ■ Servez très chaud.

Pour ceux qui ne suivent pas de régime : Flamber au cognac.

Légumes

ARTICHAUTS
DIABLOTINS

Cholestérol : 0
Calories : 290 par personne

POUR 2 PERSONNES :	CHOL.	CAL.
6 petits artichauts ;	0	400
2 cuillerées à soupe d'huile d'olive ;	0	180
2 gousses d'ail ;	0	0
1 cuillerée à soupe de persil haché ;	0	1
Sel.	0	0
	0	581

■ Hachez l'ail. Mélangez-le au persil ■ Lavez les artichauts. Coupez l'extrémité des feuilles avec des ciseaux ■ Mettez les artichauts debout dans une petite cocotte avec l'huile, du sel et une demi-tasse d'eau ; glissez entre les feuilles un peu de hachis ail et persil ■ Couvrez et faites cuire 40 minutes à feu doux.

AUBERGINES
A LA SICILIENNE

Cholestérol : 0
Calories : 131 par personne

POUR 4 PERSONNES :	CHOL.	CAL.
2 aubergines ;	0	60
1 cuillerée à soupe d'huile d'olive ;	0	90
500 g de tomates ;	0	110
1 branche de céleri ;	0	2
1 cuillerée à soupe de câpres ;	0	0
1/2 cuillerée à soupe de vinaigre ;	0	0
Sel, poivre.	0	0
	0	262

■ Pelez les aubergines et coupez la chair en petits dés. Saupoudrez-les d'une pincée de sel et laissez-les en attente pendant 10 minutes environ ■ Plongez les tomates dans de l'eau bouillante, puis pelez-les et coupez-les en petits dés ■ Nettoyez la branche de céleri, enlevez les fils et coupez-la en dés ■ Egouttez les dés d'aubergines qui ont dû rendre de l'eau et essuyez-les dans un linge ou un papier absorbant ■ Faites chauffer l'huile dans une poêle, mettez-y à dorer les dés d'aubergines pendant 3 minutes. Ajoutez les tomates, les dés de céleri, les câpres, le vinaigre, le sel, le poivre. Laissez cuire encore 30 minutes à feu doux dans la casserole couverte ■ Laissez refroidir avant de servir.

Pour ceux qui ne suivent pas de régime : Accompagner d'œufs pochés.

BOHÉMIENNE

Cholestérol : 0
Calories : 90 par personne

POUR 2 PERSONNES :	CHOL.	CAL.
200 g de courgettes ;	0	62
120 g d'aubergines ;	0	34,80
175 g de tomates ;	0	38,50

	CHOL.	CAL.
50 g d'oignons ;	0	22,50
1 poivron ;	0	22
2 gousses d'ail ;	0	0
1 bouquet garni ;	0	0,55
Sel.	0	0
	0	180,35

■ Coupez en gros dés les aubergines et les courgettes sans les peler. Coupez les tomates en huit et les oignons en rondelles. Enlevez les pépins du poivron et coupez-le en lamelles de la taille de votre petit doigt ■ Mettez le tout dans une cocotte avec les gousses d'ail, le bouquet garni et le sel. Ajoutez un demi-verre d'eau. Couvrez la cocotte ■ Placez-la sur feu doux et laissez cuire pendant 1 heure. Servez chaud ou froid.

Pour ceux qui ne suivent pas de régime : Servir avec de l'huile tiédie aromatisée de fines herbes.

CAROTTES A L'AMÉRICAINE

Cholestérol : 0
Calories : 126 par personne

POUR 2 PERSONNES :	CHOL.	CAL.
200 g de carottes nouvelles ;	0	84
1 banane ;	0	90
1 cuillerée à soupe de persil haché ;	0	0,55
1/2 citron ;	0	21,50
1 yaourt à 0 % de matières grasses ;	0	55
Sel.	0	0
	0	251,05

■ Lavez les carottes, brossez-les. Inutile de les racler puisqu'il s'agit de carottes nouvelles. Essuyez-les, râpez-les, disposez-les en couche sur un plat ■ Pelez la banane ; coupez-la en rondelles ; mettez-les sur le lit de carottes râpées ■ Battez ensemble au fouet le yaourt, le jus du demi-citron, le sel ■ Nappez la banane et les carottes de cette préparation. Saupoudrez de persil haché ■ Servez bien frais.

Pour ceux qui ne suivent pas de régime : Mélanger aux carottes des dés de jambon.

CHAMPIGNONS FARCIS

Cholestérol : 0
Calories : 83 par personne

POUR 2 PERSONNES :	CHOL.	CAL.
4 gros champignons de Paris ;	0	32
1 cuillerée à soupe de chapelure ;	0	39
1 oignon ;	0	4,70
2 gousses d'ail ;	0	0
8 branches de persil ;	0	0,55
1 cuillerée à soupe d'huile d'olive ;	0	90
1 pincée d'origan en poudre ;	0	0
Sel, poivre.	0	0
	0	166,25

■ Lavez les champignons sans les peler, supprimez les queues pour ne garder que les têtes. Pelez l'oignon et l'ail. Lavez le persil ■ Hachez les queues de champignon, l'oignon, l'ail, le persil ■ Mélangez le tout et ajoutez la chapelure, du sel, du poivre et l'origan de façon à obtenir une farce bien homogène ■ Remplissez les têtes de champignon avec cette farce ■ Mettez un filet d'huile au fond d'un plat allant au four et rangez-y les champignons. Versez dessus le reste de l'huile et trois cuillerées d'eau ■ Faites cuire pendant 25 minutes à four assez chaud (thermostat 6) ■ Servez froid en hors-d'œuvre, ou chaud en garniture d'un plat de viande rôtie.

Pour ceux qui ne suivent pas de régime : Ajouter à la farce du fromage râpé.

CHOU-FLEUR
AUX NOISETTES

Cholestérol : 0
Calories : 108 par personne

POUR 2 PERSONNES :	CHOL.	CAL.
1 petit chou-fleur ;	0	60
6 noisettes ;	0	65,60
1 cuillerée à dessert de vinaigre de *cidre ;*	0	0
1 cuillerée à soupe d'huile de pépins *de raisin ;*	0	90
Sel.	0	0
	0	215,60

■ Lavez le chou-fleur à l'eau vinaigrée. Faites-le cuire 30 minutes à l'eau bouillante salée. Egouttez-le ■ Défaites les petits bouquets du chou-fleur ; disposez-les sur un plat ■ Avec l'huile, le vinaigre et du sel, préparez une vinaigrette. Arrosez-en les bouquets ■ Réduisez les noisettes en poudre grossière. Parsemez sur le chou-fleur.

Pour ceux qui ne suivent pas de régime : Parsemez d'œuf dur passé à la moulinette.

CHOUX VERTS
A LA VENDÉENNE

Cholestérol : 0
Calories : 128 par personne

POUR 2 PERSONNES :	CHOL.	CAL.
375 g de jeunes choux verts ;	0	105
20 g de margarine ;	0	152
1/2 cuillerée à soupe de vinaigre de *cidre ;*	0	0
Sel, poivre.	0	0
	0	257

■ Nettoyez les choux. Faites-les cuire 20 minutes à l'eau bouillante salée. Egouttez-les bien à fond. Passez-les à la moulinette de façon à obtenir une purée ■ Faites fondre la margarine dans une casserole sur feu moyen. Quand la margarine est fondue, mettez-y les choux. Tournez sur feu doux. Poivrez, arrosez de vinaigre, mélangez le tout et servez bien chaud.

Pour ceux qui ne suivent pas de régime : Ajouter des lardons légèrement rissolés.

CÔTES DE BETTES
A LA PROVENÇALE

Cholestérol : 0
Calories : 125 par personne

POUR 2 PERSONNES :	CHOL.	CAL.
500 g de bettes ;	0	160
1 cuillerée à soupe d'huile d'olive ;	0	90
3 gousses d'ail ;	0	0
1 cuillerée à dessert de persil haché ;	0	0,55
Sel, poivre.	0	0
	0	250,55

■ Nettoyez les bettes. Enlevez les feuilles (elles ne seront pas utilisées dans cette recette). Coupez chaque tige en morceaux de 3 à 4 centimètres de long environ ■ Faites-les cuire pendant 30 minutes à l'eau bouillante salée. Egouttez-les ■ Pendant que les bettes cuisent, pelez les gousses d'ail et hachez-les finement ■ Faites chauffer l'huile dans une poêle. Quand elle commence à grésiller, jetez-y les morceaux de bettes bien égouttés. Faites-les sauter pendant 4 ou 5 minutes en les retournant avec une cuillère, puis saupoudrez-les de l'ail haché et poivrez fortement. Laissez cuire encore 5 minutes et servez bien chaud parsemé de persil haché.

Pour ceux qui ne suivent pas de régime : Saupoudrer de fromage râpé.

COURGETTES
A L'ARLÉSIENNE

Cholestérol : 0
Calories : 74 par personne

POUR 2 PERSONNES :	CHOL.	CAL.
4 petites courgettes ;	0	62
1 poivron vert ;	0	22
1 oignon ;	0	4,70
1 gousse d'ail ;	0	0
2 petites tomates ;	0	15
1 cuillerée à soupe de câpres ;	0	0
1/2 cuillerée à soupe d'huile de tournesol ;	0	45
1/2 cuillerée à soupe de vinaigre de cidre ;	0	0
1/2 cuillerée à soupe de moutarde.	0	0
Sel.	0	0
	0	148,70

■ Faites cuire les courgettes non pelées pendant 10 minutes dans de l'eau bouillante. Egouttez-les. Coupez-les en dés. Mettez-les dans un saladier ■ Pelez l'oignon. Emincez-le en lamelles fines. Enlevez ses graines et sa queue au poivron. Coupez-le en petits dés. Ecrasez la gousse d'ail sous une lame de couteau ■ Mettez l'oignon et le poivron avec les courgettes dans le saladier ■ Plongez les tomates 2 minutes dans l'eau bouillante. Pelez-les. Coupez-les en petits dés. Ajoutez-les dans le saladier. Mettez aussi les câpres ■ Mélangez l'huile, le vinaigre, la moutarde. Versez dans le saladier. Salez. Tournez et servez frais.

Pour ceux qui ne suivent pas de régime : En plus, des miettes de thon à l'huile.

COURGETTES AU CITRON

Cholestérol : 0
Calories : 133 par personne

POUR 2 PERSONNES :	CHOL.	CAL.
4 petites courgettes ;	0	62
1 gros oignon ;	0	9,40
1 carotte ;	0	21
20 g de margarine ;	0	152
1 gousse d'ail ;	0	0
1 bouquet garni ;	0	0,55
1/2 citron ;	0	21,50
Sel.	0	0
	0	266,45

■ Pelez les courgettes. Coupez-les en rondelles d'un demi-doigt d'épaisseur ■ Pelez l'oignon. Hachez-le. Nettoyez la carotte. Râpez-la avec la râpe à gros trous. Pelez la gousse d'ail ■ Dans une casserole, chauffez la margarine. Faites-y dorer 3 minutes l'oignon et la carotte. Ajoutez la gousse d'ail écrasée sous une lame de couteau et le bouquet garni ■ Ajoutez les courgettes, le jus du demi-citron et un verre d'eau. Salez, couvrez et laissez cuire sur feu doux 30 à 35 minutes ■ Versez les courgettes et leur jus de cuisson dans un plat creux. Servez bien froid.

Pour ceux qui ne suivent pas de régime : Mélanger aux courgettes des crevettes décortiquées.

COURGETTES
FARCIES AU MAIGRE

Cholestérol : 1,13 mg par personne
Calories : 168 par personne

POUR 2 PERSONNES :	CHOL.	CAL.
2 grosses courgettes ;	0	31
1 oignon ;	0	4,70
1 poignée de pain de mie rassis ;	0	255

	CHOL.	CAL.
1 *bouquet de fines herbes hachées ;*	0	0,55
1/4 *de tasse de lait écrémé ;*	2,25	6,25
1 *cuillerée à soupe de chapelure ;*	0	39
Sel.	0	0
	2,25	336,50

■ Emiettez le pain. Humectez-le d'un peu d'eau chaude
■ Coupez les courgettes non pelées en deux dans le sens
de la longueur. Evidez-les avec une petite cuillère. Hachez
finement la chair de courgette retirée ■ Pelez l'oignon,
hachez-le. Mélangez-le à la chair des courgettes. Ajoutez
le pain émietté et les fines herbes. Salez. Mélangez bien
■ Remplissez les demi-courgettes avec cette farce. Rangez-
les dans un plat allant au four. Saupoudrez-les de chapelure. Arrosez avec le lait. Mettez à four chaud 45 minutes
■ Servez chaud ou froid.

Pour ceux qui ne suivent pas de régime : Arrosez d'huile
au moment de servir.

DOME DE RIZ EN GELÉE

Cholestérol : 66 mg par personne
Calories : 613 par personne

POUR 2 PERSONNES :	CHOL.	CAL.
1/2 *sachet de gelée au madère ;*	0	0
1 *gros poivron rouge ;*	0	22
1 *boîte de 240 g de thon au naturel ;*	132	672
100 *g de riz cuit à l'eau ;*	0	352
4 *cuillerées à soupe de vinaigrette.*	0	180
	132	1 226

■ Préparez la gelée au madère selon le mode d'emploi
indiqué sur le sachet avec 1/4 de litre d'eau. Laissez-la
bien refroidir. Coulez une couche de gelée dans un moule
et laissez prendre dans le réfrigérateur ■ Quand la gelée
est prise, garnissez le fond du moule avec le poivron rouge
coupé en lamelles de deux doigts de largeur. Coulez une
nouvelle couche de gelée (1 centimètre). Faites prendre
pendant 1 heure ■ Posez dessus les morceaux de thon,
puis le riz assaisonné avec la vinaigrette. Versez le reste

de la gelée. Faites prendre pendant 2 heures. Démoulez pour servir.

Pour ceux qui ne suivent pas de régime : Présenter avec une mayonnaise.

FEUILLES DE CHOU FARCIES

Cholestérol : 48,75 mg par personne
Calories : 345 par personne

POUR 2 PERSONNES :	CHOL.	CAL.
150 g de bœuf haché ;	97,50	243
2 oignons ;	0	9,40
16 feuilles de chou ;	0	42
100 g de riz ;	0	352
2 cuillerées à soupe de concentré de tomate ;	0	44
Sel, poivre.	0	0
	97,50	690,40

■ Faites cuire le riz à grande eau salée bouillante sans couvrir le récipient. Au bout de 10 minutes, égouttez-le ■ Nettoyez soigneusement les feuilles de chou et faites-les cuire pendant 10 minutes à grande eau bouillante. Egouttez-les en prenant garde de les laisser entières ■ Pelez les oignons, hachez-les finement ■ Préparez une farce en mélangeant le bœuf haché cru, le hachis d'oignons, le riz, le concentré de tomate, du sel et du poivre ■ Enfermez de la farce dans deux feuilles de chou superposées de façon à former huit petits paquets. Ficelez-les ■ Mettez-les dans une cocotte avec un peu d'eau, couvrez et faites cuire 15 minutes.

Pour ceux qui ne suivent pas de régime : Arroser pour servir d'une réduction de vin blanc avec des échalotes.

FONDS D'ARTICHAUT
A LA NIÇOISE

Cholestérol : 0
Calories : 111 par personne

POUR 2 PERSONNES :	CHOL.	CAL.
2 gros artichauts ;	0	200
2 tomates ;	0	22
2 gousses d'ail ;	0	0
1 branchette de thym ;	0	0
1 feuille de laurier ;	0	0
Sel.	0	0
	0	222

■ Faites cuire les artichauts 45 minutes à grande eau
bouillante salée. Egouttez-les ; enlevez les feuilles et le foin
pour ne garder que les cœurs ■ Pendant la cuisson des
artichauts, plongez les tomates 2 minutes dans l'eau bouillante. Pelez-les ; coupez-les en huit. Mettez-les dans une
casserole sur feu doux, avec les gousses d'ail, le thym, le
laurier et du sel. Couvrez et laissez cuire 30 minutes ■
Disposez les fonds d'artichauts sur un plat de service. Nappez-les avec les tomates cuites ■ Servez froid.

Pour ceux qui ne suivent pas de régime : Ajouter, huile,
filets d'anchois, olives noires.

GRATIN
AUX CHAMPIGNONS

Cholestérol : 1,15 mg par personne
Calories : 182 par personne

POUR 2 PERSONNES :	CHOL.	CAL.
200 g de champignons de Paris ;	0	64
1/2 boîte de macédoine de légumes ;	0	263
1/2 petite boîte de sauce tomate non cuisinée ;	0	11
1/4 de verre de lait ;	2,25	6,25

	CHOL.	CAL.
1/2 cuillerée à soupe de chapelure ;	0	19,50
Sel.	0	0
	2,25	363,75

■ Nettoyez les champignons. Coupez-les en lamelles. Faites-les cuire à petit feu avec un verre d'eau et du sel dans une casserole couverte, pendant 20 minutes ■ Quand les champignons sont cuits, ajoutez dans la casserole le contenu égoutté de la demi-boîte de macédoine et celui de la demi-boîte de sauce tomate. Mélangez bien ■ Versez le tout dans un plat à gratin. Arrosez avec le lait écrémé. Saupoudrez de chapelure. Passez au four pour gratiner ■ Servez chaud dans le plat de cuisson.

Pour ceux qui ne suivent pas de régime : Accompagner de très minces tranches de bacon légèrement dorées au beurre.

HARICOTS AU THON

Cholestérol : 66 mg par personne
Calories : 631 par personne

POUR 2 PERSONNES :	CHOL.	CAL.
150 g de haricots blancs secs ;	0	495
1 gousse d'ail ;	0	0
1 oignon ;	0	4,70
1 boîte de 240 g de thon au naturel ;	132	672
1 cuillerée à soupe d'huile de tournesol ;	0	90
Sel.	0	0
	132	1 261,70

■ Lavez les haricots sous le robinet d'eau froide ■ Mettez-les dans une casserole, couvrez d'eau froide, posez sur le feu et dès que l'eau commence à bouillir, retirez la casserole du feu. Laissez les haricots tremper dans cette eau pendant 1 heure ■ Pelez la gousse d'ail, fendez-la en quatre. Pelez l'oignon, coupez-le en lamelles fines ■ Les haricots ayant trempé pendant 1 heure, égouttez-les, remettez-les dans une casserole, couvrez-les d'eau froide, ajoutez l'ail, chauffez jusqu'au moment où l'eau commence à bouillir et laissez cuire alors à feu doux pendant 2 heures. Salez après 1 heure 30 minutes de cuisson ■ Les haricots étant cuits, égouttez-les, enlevez la gousse d'ail, ajoutez-leur l'huile et l'oignon ■ Egouttez le thon au naturel, coupez-le en morceaux et disposez-le sur les haricots pour servir froid, chaud ou tiède.

Pour ceux qui ne suivent pas de régime : Arroser d'huile au moment de servir.

HARICOTS VERTS
A L'INDIENNE

Cholestérol : 0
Calories : 105 par personne

POUR 2 PERSONNES :	CHOL.	CAL.
400 g de haricots verts ;	0	140
1 citron 1/2 ;	0	64,50
1/2 cuillerée à café de curry ;	0	0
1 oignon ;	0	4,70
Sel.	0	0
	0	209,20

■ Enlevez les pointes et les fils aux haricots. Faites-les cuire 20 minutes à grande eau bouillante. Ne couvrez pas la casserole et salez seulement à mi-cuisson pour que les haricots restent bien verts. Après cuisson, égouttez-les ■ Hachez finement l'oignon ■ Pelez le demi-citron à vif. Coupez-le en tranches fines. Pressez le jus du citron entier. Mélangez jus de citron, curry et oignon haché ■ Assaisonnez les haricots avec cette sauce et entourez-les des tranches de citron.

Pour ceux qui ne suivent pas de régime : Ajouter de l'huile à la sauce.

LÉGUMES A LA FINETTE

Cholestérol : 0
Calories : 225 par personne

POUR 2 PERSONNES :	CHOL.	CAL.
250 g d'oignons ;	0	112
1/2 boîte de petits pois (125 g) ;	0	115
150 g de tomates ;	0	32
1 bouquet garni ;	0	0,55
25 g de margarine ;	0	190
Sel.	0	0
	0	449,55

■ Epluchez et coupez les oignons en fines lamelles. Faites-les blondir à la poêle dans la margarine en remuant fréquemment ■ Pendant la cuisson des oignons, faites cuire les tomates en morceaux avec un demi-verre d'eau salée et le bouquet garni, pendant 10 minutes ■ Passez cette sauce au moulin à légumes. Mélangez-la aux oignons, ajoutez les petits pois bien égouttés et chauffez. Servez chaud.

Pour ceux qui ne suivent pas de régime : Mélanger à des dés de poitrine fumée.

MACÉDOINE DE PRINTEMPS

Cholestérol : 0
Calories : 125 par personne

POUR 2 PERSONNES :	CHOL.	CAL.
4 carottes nouvelles ;	0	84
1/2 cœur de céleri ;	0	22
1/4 de chou vert ;	0	6
4 oignons nouveaux ;	0	4,70
1 cuillerée à soupe d'huile de tournesol ;	0	90
1 citron ;	0	43
Sel, poivre.	0	0
	0	249,70

■ Lavez le chou et coupez-le en fines lanières. Nettoyez le céleri et coupez-le en petits dés. Pelez les oignons, coupez-les en minces rondelles. Brossez les carottes, lavez-les et râpez-les ■ Dans le fond d'un saladier, mettez l'huile et le jus du citron, un peu de sel et du poivre. Mettez tous les légumes dans le saladier ■ Mélangez bien et servez frais.

Pour ceux qui ne suivent pas de régime : Assaisonner de mayonnaise.

PETITS POIS
A LA PAYSANNE

Cholestérol : 0
Calories : 405 par personne

POUR 2 PERSONNES :	CHOL.	CAL.
800 g de petits pois ;	0	784
1 laitue ;	0	16
2 oignons ;	0	9,40
Sel.	0	0
	0	809,40

■ Ecossez les petits pois. Lavez la laitue. Pelez les oignons ■ Mettez le tout dans une casserole. Ajoutez du sel et de l'eau de façon que les légumes soient juste recouverts. Mettez la casserole sur le feu ■ Couvrez et laissez cuire tout doucement pendant 20 minutes.

Pour ceux qui ne suivent pas de régime : Garnir de bacon rissolé.

POMMES DE TERRE
A LA SAUCE MOUTARDE

Cholestérol : 0
Calories : 314 par personne

POUR 2 PERSONNES :	CHOL.	CAL.
350 g de pommes de terre ;	0	315
2 échalotes ;	0	7,50

	CHOL.	CAL.
40 g de margarine ;	0	304
1/2 cuillerée à soupe de moutarde forte ;	0	0
Sel.	0	0
	0	626,50

■ Faites cuire les pommes de terre 30 minutes à la vapeur ■ Pelez les échalotes et hachez-les finement ■ Dans une petite casserole, faites fondre la margarine. Jetez-y les échalotes. Laissez cuire pendant 3 ou 4 minutes puis ajoutez trois cuillerées à soupe d'eau et du sel ■ Laissez bouillir encore quelques minutes et ajoutez à cette sauce la moutarde forte. Tournez bien. Chauffez jusqu'à début d'ébullition et retirez la casserole du feu ■ Pelez les pommes de terre. Coupez-les en quatre dans le sens de la longueur et rangez-les dans un plat allant au four. Arrosez-les avec cette sauce. Mettez 10 minutes à four très chaud ■ Servez dans le plat de cuisson.

Pour ceux qui ne suivent pas de régime : Saupoudrer de gruyère râpé.

TIAN PROVENÇAL

Cholestérol : 0
Calories : 163 par personne

POUR 4 PERSONNES :	CHOL.	CAL.
1 oignon assez gros ;	0	6,45
500 g de tomates ;	0	110
300 g de courgettes ;	0	93
2 pommes de terre cuites dans leur peau ;	0	70
2 gousses d'ail ;	0	0
1/2 cuillerée à soupe d'huile d'olive ;	0	45
1 branche de thym effeuillée ;	0	0,55
1 cuillerée à café de romarin effeuillé ;	0	0
Sel, poivre.	0	0
	0	325

■ Pelez et émincez l'oignon ; faites-le fondre dans une demi-cuillerée à soupe d'huile d'olive, sans prendre couleur ■ Epluchez les courgettes ; coupez-les en rondelles de 5 millimètres d'épaisseur. Lavez les tomates, ôtez le pédoncule avant de les détailler en fines tranches. Pelez les pommes de terre et coupez-les en rondelles minces ■ Frottez un plat à gratin avec une gousse d'ail. Mettez l'oignon fondu dans le fond du plat puis alternez des rangées de légumes ; salez et poivrez ■ Mélangez le thym et le romarin effeuillés et saupoudrez-en les légumes. Arrosez de trois cuillerées à soupe d'eau ■ Mettez au four (th. 7/8) pendant 40 minutes environ ■ Pour servir, saupoudrez d'ail finement haché.

Pour ceux qui ne suivent pas de régime : Servir avec des filets d'anchois à l'huile.

TOMATES AU GRATIN

Cholestérol : 0
Calories : 54 par personne

POUR 2 PERSONNES :	CHOL.	CAL.
2 tomates ;	0	22
2 échalotes ;	0	7,50
20 g de chapelure ;	0	78
1/2 cuillerée à soupe de persil haché ;	0	0,55
Sel.	0	0
	0	108,05

■ Coupez les tomates en deux. Enlevez les graines. Rangez-les dans un plat à gratin sur la partie bombée. Salez légèrement ■ Pelez les échalotes, hachez-les finement. Mélangez le hachis à la chapelure. Saupoudrez les tomates de cette préparation ■ Faites cuire à four moyen pendant 20 minutes ■ Servez chaud saupoudré de persil haché.

Pour ceux qui ne suivent pas de régime : Arroser d'huile à la sortie du four.

Desserts

ANANAS
AUX FRAISES DES BOIS

Cholestérol : 0
Calories : 209 par personne

POUR 2 PERSONNES :	CHOL.	CAL.
1 petit ananas de 500 g environ ;	0	250
250 g de fraises des bois ;	0	92,50
2 petites oranges ;	0	54
1/2 citron.	0	21,50
	0	418

■ Coupez l'ananas en deux dans le sens de la longueur, y compris les feuilles. Evidez chaque moitié avec un couteau-scie ■ Coupez en petits dés la chair recueillie. Mettez-la dans un saladier. Ajoutez les fraises ainsi qu'une orange et demie pelée à vif et coupée en fines lamelles ■ Pressez la demi-orange et le demi-citron. Arrosez les fruits avec ce jus. Laissez-les macérer au frais au moins 1 heure ■ Pour servir, remplissez de fruits les moitiés d'ananas évidées.

Pour ceux qui ne suivent pas de régime : En plus, de la crème fraîche battue avec de la poudre de noix de coco.

ANANAS EN SALADE

Cholestérol : 1,50 mg par personne
Calories : 92 par personne

POUR 2 PERSONNES :	CHOL.	CAL.
4 tranches d'ananas frais ;	0	100
100 g de fromage blanc à 0 % de matières grasses ;	3	44
1/2 citron.	0	21,50
4 grandes feuilles de laitue ;	0	18
2 pincées de paprika ;	0	0
	3	183,50

■ Coupez les tranches d'ananas en dés ■ Mélangez le fromage blanc, le jus du demi-citron, le paprika ■ Mêlez les dés d'ananas à cette préparation ■ Répartissez dans les feuilles de laitue. Servez frais.

Pour ceux qui ne suivent pas de régime : Remplacer le fromage blanc maigre par du fromage blanc normal.

BANANES GRATINÉES

Cholestérol : 0
Calories : 173 par personne

POUR 2 PERSONNES :	CHOL.	CAL.
3 bananes ;	0	270
2 cuillerées à soupe de gelée de framboise ;	0	56
1/2 cuillerée à soupe de sucre en poudre.	0	20
	0	346

■ Allumez le four à thermostat 6 ■ Pelez les bananes. Coupez chacune dans le sens de la longueur en cinq lamelles ■ Dans le fond d'un plat allant au four, étalez 1 cuillerée à soupe de gelée de framboise. Posez dessus une couche de bananes ; saupoudrez de sucre ; recouvrez de gelée de framboise ■ Faites cuire au four pendant 20 minutes ■ Servez chaud, bien gratiné, dans le plat de cuisson.

Pour ceux qui ne suivent pas de régime : Servir avec de la crème anglaise.

COMPOTE CHARLOTTE

Cholestérol : 0
Calories : 106 par personne

POUR 2 PERSONNES :	CHOL.	CAL.
200 g d'abricots très mûrs ;	0	102
1 banane ;	0	90
1/2 sachet de sucre vanillé ;	0	20
1 zeste de citron.	0	0
	0	212

■ Dénoyautez les abricots. Mettez les oreillons d'abricot dans une casserole. Couvrez-les tout juste d'eau. Ajoutez le sucre vanillé et le zeste de citron. Faites cuire 15 minutes à feu doux sans couvrir ■ Passez les abricots à la moulinette pour obtenir une purée fine ■ Pelez la banane. Réduisez-la en purée avec une fourchette ou à la moulinette. Mélangez les purées de banane et d'abricot en les battant à la fourchette ■ Servez très froid.

Pour ceux qui ne suivent pas de régime : Napper de crème à la vanille.

COUSCOUS DU SULTAN

Cholestérol : 0
Calories : 378 par personne

POUR 2 PERSONNES :	CHOL.	CAL.
3 cuillerées à soupe de couscous ;	0	112,80
1/4 de l de lait écrémé ;	0	12,50
1/2 citron ;	0	21,50
1/2 cuillerée à soupe d'amandes en poudre ;	0	3,10
150 g de sucre en poudre ;	0	600
1 cuillerée à soupe de noisettes en poudre ;	0	6,56
1 pincée de sel.	0	0
	0	756,46

■ Mettez le couscous dans un saladier, couvrez-le largement d'eau froide et laissez-le gonfler pendant 15 minutes ■ Mettez le lait dans une casserole avec une pincée de sel. Faites chauffer. Quand le lait commence à bouillir, jetez-y en pluie le couscous mouillé et gonflé. Ajoutez le sucre, baissez le feu et laissez cuire sur feu doux dans la casserole couverte pendant 20 minutes ■ Retirez la casserole du feu. Ajoutez les poudres d'amandes et de noisettes ■ Râpez le zeste du demi-citron. Mélangez-le à la préparation. Tournez bien ■ Mettez dans un plat allant au four et faites cuire à four moyen pendant 25 minutes ■ Servir tiède dans le plat de cuisson.

Pour ceux qui ne suivent pas de régime : Servir avec du beurre fondu chaud additionné de sucre et de jus de citron.

CRÈME AUX ABRICOTS

Cholestérol : 0,75 mg par personne
Calories : 49 par personne

POUR 2 PERSONNES :	CHOL.	CAL.
150 g d'abricots très mûrs ;	0	76,50
50 g de fromage blanc à 0 % de matières grasses ;	1,5	22
	1,5	98,50

■ Dénoyautez les abricots. Mettez les oreillons dans une casserole. Couvrez-les tout juste d'eau. Faites cuire sur feu doux pendant 15 minutes sans couvrir ■ Passez les abricots à la moulinette pour obtenir une purée fine ■ Battez ensemble la purée d'abricots et le fromage blanc. Répartissez dans des coupes ■ Mettez dans le réfrigérateur jusqu'au moment de servir.

Pour ceux qui ne suivent pas de régime : Accompagner de parfait à la vanille.

CRÈME A LA MARMELADE DE POMMES

Cholestérol : 1,50 mg par personne
Calories : 627 par personne

POUR 2 PERSONNES :	CHOL.	CAL.
300 g de marmelade de pommes ;	0	900
100 g de fromage blanc à 0 % de matières grasses ;	3	44
50 g d'amandes effilées.	0	310
	3	1 254

■ Versez le fromage blanc dans une jatte et fouettez-le pour le rendre mousseux. Ajoutez-lui la marmelade de pommes. Saupoudrez d'amandes ■ Placez dans le réfrigérateur jusqu'au moment de servir.

Pour ceux qui ne suivent pas de régime : Un décor de rosace de chantilly.

DÉLICE ARDÉCHOIS

Cholestérol : 37 mg par personne
Calories : 564 par personne

POUR 2 PERSONNES :	CHOL.	CAL.
200 g de crème de marrons vanillée ;	0	596
100 g de chocolat ;	74	525
2 cuillerées à soupe de lait écrémé.	0	7,20
	74	1 128,20

■ Versez le lait dans une petite casserole. Ajoutez les barres de chocolat coupées en petits morceaux. Mettez sur feu doux et faites chauffer en tournant sans cesse jusqu'à ce que le chocolat soit parfaitement fondu ■ Versez la crème de marrons dans un saladier. Ajoutez le chocolat fondu et tournez le mélange avec une cuillère en bois pour obtenir une pâte crémeuse épaisse ■ Remplissez-en un moule à bords hauts (à revêtement antiadhésif). Tassez bien en tapant le moule contre la table ■ Mettez le moule au frais au réfrigérateur pendant au moins une nuit. Démoulez pour servir.

Pour ceux qui ne suivent pas de régime : Excellent avec des biscuits en pâte feuilletée.

FROMAGE BLANC
A L'ORANGE

Cholestérol : 3 mg par personne
Calories : 127 par personne

POUR 2 PERSONNES :	CHOL.	CAL.
200 g de fromage blanc à 0 % de matières grasses ;	6	88
2 cuillerées à soupe de sucre en poudre ;	0	80
Le zeste d'une orange râpée ;	0	0
2 oranges ;	0	66
1 sachet de sucre vanillé.	0	20
	6	254

■ Pelez les oranges à vif. Coupez-les en rondelles. Saupoudrez-les de sucre en poudre ■ Battez le fromage blanc avec le sucre vanillé et le zeste d'orange râpé ■ Mélangez les oranges au fromage blanc ■ Servez très frais.

Pour ceux qui ne suivent pas de régime : Un peu de crème fraîche.

FROMAGE BLANC
AU CAFÉ

Cholestérol : 3 mg par personne
Calories : 105 par personne

POUR 2 PERSONNES :	CHOL.	CAL.
200 g de fromage blanc à 0 % de matières grasses ;	6	88
1/4 de verre de lait écrémé ;	0	6,25
20 g de sucre en poudre ;	0	80
1/2 cuillerée à café de café soluble.	0	35
	6	209,25

■ Faites fondre le café dans le lait. Ajoutez le sucre ■ Battez ensemble longuement le fromage blanc et le lait sucré au café ■ Répartissez dans des coupes et mettez dans le réfrigérateur jusqu'au moment de servir.

Pour ceux qui ne suivent pas de régime : Une rosace de chantilly sur chaque coupe.

FROMAGE BLANC
AUX FRUITS

Cholestérol : 3 mg par personne
Calories : 129 par personne

POUR 2 PERSONNES :	CHOL.	CAL.
200 g de fromage blanc à 0 % de matières grasses ;	6	88
150 g de petites fraises ou de framboises ;	0	114
2 cuillerées à soupe de gelée de groseille.	0	56
	6	258

■ Battez le fromage blanc pour l'aérer ■ Ajoutez dessus les fruits lavés et égouttés ■ Nappez avec la gelée de groseille délayée avec un peu d'eau.

Pour ceux qui ne suivent pas de régime : Parfumez au kirsch et ajouter sucre et crème.

GATEAU AUX POMMES

Cholestérol : 0
Calories : 327 par personne

POUR 2 PERSONNES :	CHOL.	CAL.
250 g de pommes ;	0	130
100 g de sucre en poudre ;	0	400
3 morceaux de sucre ;	0	120
1/4 de verre de vin blanc ;	0	4
1 zeste de citron.	0	0
	0	654

■ Pelez les pommes, enlevez les cœurs et les pépins. Coupez les fruits en morceaux et mettez-les dans une casserole. Ajoutez le vin, le sucre en poudre et le zeste de citron. Couvrez la casserole et laissez cuire sur feu très doux sans remuer, pendant 30 minutes ■ Quand les pommes sont cuites, prenez un petit moule rond à bords hauts et lisses. Placez-y les morceaux de sucre et une cuillerée à soupe d'eau. Mettez le moule sur le feu et faites cuire de façon à former un caramel. Quand le mélange eau et sucre commence à blondir et à épaissir, faites tourner le moule sur lui-même pour que le fond et les parois se trouvent bien enduits d'une couche de caramel ■ Versez les pommes cuites dans le moule caramélisé et mettez au frais jusqu'au lendemain ■ Pour démouler, vous ferez tremper le fond du moule pendant quelques secondes dans de l'eau bouillante.

Pour ceux qui ne suivent pas de régime : Accompagner d'une crème anglaise.

GLACE A LA MENTHE

Cholestérol : 0
Calories : 283 par personne

POUR 2 PERSONNES :	CHOL.	CAL.
100 g de sucre gélifiant ;	0	400
1/2 verre de sirop de menthe.	0	166
	0	566

■ Mettez le sucre et 1/2 litre d'eau dans une casserole. Chauffez jusqu'à ébullition. Laissez refroidir ■ Ajoutez alors le sirop de menthe ■ Versez dans un bac du réfrigérateur ou dans un moule à glace à parois très minces. Faites prendre dans le freezer pendant 2 heures environ ■ Démoulez pour servir.

Pour ceux qui ne suivent pas de régime : Napper de crème au chocolat.

GRATINÉE DE POIRES

Cholestérol : 0
Calories : 142 par personne

POUR 2 PERSONNES :	CHOL.	CAL.
2 grosses poires ;	0	126
15 g de sucre ;	0	60
1 cuillerée à soupe de gelée d'abricot ;	0	28
1 gousse de vanille ;	0	0
1 cuillerée à soupe de sucre glace ;	0	40
1 cuillerée à soupe d'amandes en poudre ;	0	6,20
	0	260,20

■ Pelez les poires, coupez-les en quartiers ; émincez-les et mettez-les à cuire doucement avec un peu d'eau, le sucre et la gousse de vanille fendue en deux, en remuant de temps en temps ■ Au bout de 10 minutes environ les poires sont cuites ; écrasez-les alors et ajoutez-leur la gelée d'abricot ■ Versez dans un plat de porcelaine ou de verre à feu ■ Mélangez sucre glace et amandes en poudre. Saupoudrez cette préparation sur la compote de poires ■ Mettez à four doux (thermostat 4) 10 minutes pour faire sécher et colorer légèrement. Servez chaud mais non brûlant.

Pour ceux qui ne suivent pas de régime : Accompagner d'une crème anglaise.

MARMELADE DE POMMES

Cholestérol : 0
Calories : 268 par personne

POUR 2 PERSONNES :	CHOL.	CAL.
800 g de pommes ;	0	416
30 g de sucre ;	0	120
1 gousse de vanille ;	0	0
1 zeste de citron.	0	0
	0	536

■ Pelez les pommes ; enlevez les cœurs et les pépins. Coupez chaque fruit en huit morceaux. Mettez-les dans une casserole avec le sucre, la gousse de vanille fendue en deux, le zeste de citron et un demi-verre d'eau ■ Couvrez et laissez cuire sur feu doux 20 minutes. Remuez à plusieurs reprises en cours de cuisson ■ Passez à la moulinette. Servez froid.

Pour ceux qui ne suivent pas de régime : Ajouter de la crème fraîche.

MELON AUX FRAMBOISES

Cholestérol : 0
Calories : 90 par personne

POUR 2 PERSONNES :	CHOL.	CAL.
1 melon de 350 g environ ;	0	105
75 g de framboises ;	0	30
1/2 orange ;	0	22
1/2 citron.	0	21,50
	0	178,50

■ Pratiquez une incision autour de la queue du melon de façon à pouvoir enlever un couvercle. Retirez les graines et creusez avec une cuillère pour prendre la chair du melon que vous coupez en petits morceaux ■ Mélangez framboises et melon dans un saladier ■ Arrosez avec le jus de la demi-orange et celui du demi-citron. Mélangez bien. Versez le tout dans le melon évidé ■ Servez glacé.

Pour ceux qui ne suivent pas de régime : Ajouter un peu d'alcool de fruit.

MOUSSE DE POIRES

Cholestérol : 0
Calories : 138 par personne

POUR 2 PERSONNES :	CHOL.	CAL.
2 poires *William* ;	0	122
2 cerises confites ;	0	36
2 cuillerées à soupe de gelée de groseille ;	0	56
2 cuillerées à café de sucre en poudre ;	0	40
1/2 citron.	0	21,50
	0	275,50

■ Pressez un demi-citron et recueillez-en le jus ■ Pelez les poires William. Enlevez les cœurs et râpez les fruits pour obtenir une jurée juteuse à laquelle vous ajouterez immédiatement une cuillerée à soupe de jus de citron pour l'empêcher de noircir et le sucre. Mélangez bien le tout ■ Répartissez cette mousse dans des coupes individuelles et nappez aussitôt de gelée de groseille. Mettez au frais jusqu'au moment de servir ■ Garnissez chaque coupe d'une cerise confite.

Pour ceux qui ne suivent pas de régime : Servir avec une génoise bien moelleuse.

ŒUFS SURPRISE

Cholestérol : 3 mg par personne
Calories : 300 par personne

POUR 2 PERSONNES :	CHOL.	CAL.
200 g de fromage blanc à 0 % de matières grasses ;	6	88
1/2 cuillerée à soupe de sucre ;	0	20

1/2 sachet de sucre vanillé ;	0	20
1/2 boîte d'abricots au sirop ;	0	471,25
Un peu de cannelle.	0	0
	6	599,25

■ Dans une terrine, mélangez le fromage blanc et les sucres ; battez vigoureusement avec un fouet, 2 ou 3 minutes, de façon à obtenir une crème lisse et onctueuse ■ Mettez trois cuillerées de fromage dans des petits plats individuels, en lissant bien la surface. Déposez dessus deux demi-abricots pour simuler des jaunes d'œufs ; arrosez d'un peu de sirop ; saupoudrez d'une pincée de cannelle comme si c'était du poivre. Mettez au frais avant de servir ■ L'illusion d'œufs sur le plat est parfaite.

Pour ceux qui ne suivent pas de régime : Décorer avec des rosaces de chantilly.

ORANGES MORÉA

Cholestérol : 0
Calories : 66 par personne

POUR 2 PERSONNES :	CHOL.	CAL.
2 oranges ;	0	54
2 tranches d'ananas ;	0	50
1 cuillerée à soupe de gelée de groseille.	0	28
	0	132

■ Pelez les oranges en enlevant non seulement l'écorce mais aussi la peau blanche ■ Disposez les tranches d'ananas dans un compotier. Posez sur chacune d'elles une orange ■ Délayez la gelée de groseille dans un peu d'eau. Arrosez-en les oranges ■ Servez bien frais.

Pour ceux qui ne suivent pas de régime : Accompagner d'une sauce au chocolat.

PAMPLEMOUSSE AU MIEL

Cholestérol : 0
Calories : 52 par personne

POUR 2 PERSONNES :	CHOL.	CAL.
1 *pamplemousse* ;	0	44
2 *cuillerées à soupe de miel* :	0	60,80
2 *pincées de noix muscade râpée.*	0	0
	0	104,80

■ Allumez le four à chaleur maximale ■ Coupez le pamplemousse en deux et enlevez les pépins ■ Sur chaque moitié de pamplemousse, déposez une cuillerée à soupe de miel et saupoudrez de muscade râpée ■ Passez 5 minutes au four aussi près que possible du gril et servez très chaud.

Pour ceux qui ne suivent pas de régime : Quelques gouttes de Cointreau dans le fruit.

PÊCHES A LA GROSEILLE

Cholestérol : 0
Calories : 94 par personne

POUR 2 PERSONNES :	CHOL.	CAL.
2 *pêches jaunes* ;	0	104
2 *cuillerées à soupe de gelée de groseille* ;	0	56
4 *moitiés de noix décortiquées* :	0	6,70
1/2 *cuillerée à soupe de sucre en poudre.*	0	20
	0	186,70

■ Plongez les pêches entières pendant 2 minutes dans de l'eau bouillante ; égouttez-les, pelez-les, ouvrez-les en deux, enlevez les noyaux ■ Mettez les fruits dans un plat, en les faisant reposer sur la partie bombée. Remplissez les cavités de gelée de groseille. Décorez avec les moitiés de noix. Saupoudrez le tout de sucre.

Pour ceux qui ne suivent pas de régime : Arroser d'alcool de fruit.

POIRES AUX AMANDES

Cholestérol : 0
Calories : 157 par personne

POUR 2 PERSONNES :	CHOL.	CAL.
2 *poires* ;	0	126
1 *banane* ;	0	90
1 *cuillerée à soupe de gelée d'abricot* ;	0	28
1 *cuillerée à soupe d'amandes pelées et effilées* ;	0	6,20
1 *cuillerée à café de sucre en poudre* ;	0	20
1 *citron.*	0	43
	0	313,20

■ Pelez les poires ; coupez-les en deux ; enlevez cœurs et pépins en formant une cavité au centre de chaque moitié de fruit ■ Pelez la banane, écrasez-la en purée avec une fourchette, en y ajoutant le sucre et le jus du citron, ce dernier empêchant la banane de noircir ■ Remplissez les poires de cette préparation ■ Nappez de gelée d'abricot. Saupoudrez d'amandes. Servez bien froid.

Pour ceux qui ne suivent pas de régime : Servir avec un parfait à la vanille.

POIRES SYLVIA

Cholestérol : 0
Calories : 108

POUR 2 PERSONNES :	CHOL.	CAL.
2 *poires* ;	0	126
100 g de *cerises* ;	0	61
1/2 *cuillerée à soupe de gelée de groseille* ;	0	28
1 *zeste de citron.*	0	0
	0	215

■ Pelez les poires en les laissant entières et en gardant la queue ■ Equeutez et dénoyautez les cerises ■ Mettez tous les fruits dans une casserole avec le zeste de citron et un verre d'eau. Couvrez. Laissez cuire à feu doux 20 minutes ■ Versez les fruits dans un compotier en réservant le jus de cuisson. Utilsez-le pour délayer la gelée de groseille dont vous arroserez les poires et les cerises ■ Servez froid.

Pour ceux qui ne suivent pas de régime : Accompagner de chantilly battue avec des dés de fruits confits.

POMMES EN PAPILLOTES

Cholestérol : 0
Calories : 47 par personne

POUR 2 PERSONNES :	CHOL.	CAL.
2 pommes ;	0	52
1/2 sachet de sucre vanillé ;	0	20
1/2 citron.	0	21,50
	0	93,50

■ Pelez les pommes, enlevez les cœurs et les pépins. Coupez chaque fruit en tranches de 1,5 centimètre environ d'épaisseur ■ Mélangez le sucre vanillé et le jus du demi-citron ■ Répartissez les tranches de pommes en les faisant se chevaucher sur deux morceaux de papier d'aluminium ménager ; arrosez-les avec la préparation de sucre et citron ■ Refermez les papillotes de façon à bien envelopper le contenu ■ Faites cuire 20 minutes à four très chaud en retournant à mi-cuisson.

Pour ceux qui ne suivent pas de régime : Parsemez les tranches de pommes de noisettes de beurre.

POMMES MERINGUÉES

Cholestérol : 0
Calories : 116 par personne

POUR 2 PERSONNES :	CHOL.	CAL.
4 pommes ;	0	104
1 zeste de citron ;	0	0
1 gousse de vanille ;	0	0

	CHOL.	CAL.
20 g de sucre ;	0	80
1 blanc d'œuf.	0	48
	0	232

■ Pelez les pommes, enlevez cœurs et pépins, coupez chaque fruit en huit morceaux ■ Mettez-les dans une casserole avec le zeste de citron, la gousse de vanille fendue en deux, le sucre et un demi-verre d'eau. Couvrez la casserole et laissez cuire sur feu doux 20 minutes ■ Passez à la moulinette pour obtenir une purée fine. Versez-la en dôme dans un plat allant au four ■ Battez le blanc d'œuf en neige très ferme. Couvrez-en la compote de pommes ■ Mettez à four assez chaud 15 minutes. Servez dès la sortie du four.

Pour ceux qui ne suivent pas de régime : Servir avec des tranches de brioche au beurre tièdes.

PRUNEAUX A L'ORANGE

Cholestérol : 0
Calories : 408 par personne

POUR 2 PERSONNES :	CHOL.	CAL.
250 g de pruneaux ;	0	725
3 cuillerées à soupe de marmelade *d'oranges ;*	0	90
1/2 tasse de thé.	0	0
	0	815

■ Faites tremper les pruneaux 2 heures dans de l'eau tiède. Egouttez-les ■ Mettez dans une petite casserole sur feu doux la marmelade d'oranges et le thé. Faites chauffer ■ Ouvrez les pruneaux en deux et enlevez les noyaux. Mettez-les dans un compotier. Nappez-les avec la marmelade ■ Servez tiède ou froid.

Pour ceux qui ne suivent pas de régime : Un peu de Grand-Marnier au moment de servir.

SALADE DE FRUITS
AU YAOURT

Cholestérol : 0
Calories : 169 par personne

POUR 2 PERSONNES :	CHOL.	CAL.
2 *bananes* ;	0	180
1 *orange* ;	0	22
1 *pot 1/2 de yaourt à 0 % de matières grasses* ;	0	55
20 *g de sucre semoule.*	0	80
	0	337

■ Pelez l'orange et les bananes. Coupez-les en petits morceaux ■ Versez le yaourt dans un compotier et fouettez-le vivement avec le sucre. Ajoutez les fruits ■ Servez immédiatement cette salade qui doit être très fraîche.

Pour ceux qui ne suivent pas de régime : Ajouter du Grand-Marnier.

SORBET AUX FRUITS

Cholestérol : 0
Calories : 338 par personne

POUR 4 PERSONNES :	CHOL.	CAL.
450 *g de fruits mûrs (fraises, mangues, papayes, pêches, au choix)* ;	0	221
100 *g de sucre* ;	0	400
4 *feuilles de gélatine* ;	0	33,50
1/2 *tasse de jus de citron.*	0	21,50
	0	676

■ Coupez en morceaux la gélatine, mettez-la dans le jus de citron et laissez reposer ■ Dans une casserole, mélangez le sucre à une tasse d'eau. Remuez sur feu doux jusqu'à ce que le sucre fonde. Laissez bouillir doucement, sans couvrir et sans remuer, 5 minutes. Puis retirez du feu ■ Ajoutez cette sauce au mélange de gélatine et de citron et remuez bien ■ Passez les fruits au mixer et ajoutez la purée au mélange de gélatine ; mélangez bien ■ Versez dans un grand moule et mettez 2 heures au congélateur ou dans le freezer ■ Transvasez ensuite dans un saladier glacé et battez la préparation rapidement au fouet ou au mixer pour obtenir un mélange lisse, mais pas liquide ■ Remettez dans le moule et laissez au congélateur (ou dans le freezer) quelques heures jusqu'à ce que le sorbet soit bien ferme.

Pour ceux qui ne suivent pas de régime : Servir avec des petites galettes feuilletées.

VI. APPRENEZ
A CUISINER LÉGER

Puisqu'il faut diminuer la consommation de matières grasses, ayez recours aux modes de cuisson qui permettent de faire de l'excellente cuisine sans un gramme de corps gras.

La cuisson à l'eau

Tout peut être cuit à l'eau : légumes, viandes et poissons, riz et pâtes, les fruits aussi, mais nous préférons pour eux d'autres cuissons : vapeur, papillotes, gril par exemple.

Rien de plus simple : les aliments plongés dans de l'eau en ébullition cuisent pendant un temps déterminé pour chacun d'eux.

Elémentaire, pensez-vous. Eh bien, pas tellement. Il y a des secrets pour réussir les cuissons à l'eau, car il ne s'agit pas uniquement de cuire, mais aussi de garder aux aliments leur saveur et aussi de la relever.

Aromatisez l'eau

Sel, évidemment, bouquet garni, citron, aromates. L'eau transmet aux aliments ces divers arômes.

Surveillez les temps de cuisson

Préférez les légumes un peu fermes. Les grands chefs de la nouvelle cuisine qui « sous-cuisent » savent bien qu'un aliment trop cuit perd de sa saveur. Et les diététiciens ajouteront que plus la cuisson est longue, plus les pertes en vitamines deviennent importantes.

La quantité d'eau compte

Pour les légumes et les fruits, mettez-en le moins possible. Qu'ils soient tout juste couverts suffit. La cuisson est ainsi plus rapide, donc, là encore, réduction des pertes en vitamines. Mais soyez généreux pour les légumes secs, qui, eux, ont besoin de beaucoup d'eau (2,5 litres pour 250 grammes). Démarrez la cuisson à l'eau froide et ne salez qu'à la fin pour éviter qu'ils ne durcissent. Beaucoup d'eau aussi pour les pâtes et le riz, mais salée et en ébullition : la bonne solution pour les garder fermes et éviter la formation d'empois gluants.

Avec ou sans couvercle ?

Cela dépend des aliments. Couvercle pour les légumes secs ou frais, à l'exception des haricots pour les conserver bien verts. Pas de couvercle pour les pâtes et le riz.

Un « truc » de chef

Certains légumes noircissent, notamment les artichauts et les salsifis... Pour éviter cet inconvénient, cuisez-les dans un « blanc » : vous ajoutez à l'eau une cuillerée à soupe de jus de citron ou de vinaigre et autant de farine délayée dans un peu d'eau (quantité pour 1 litre).

Eau bouillante ou eau froide pour les viandes ?

Faut-il mettre le pot-au-feu à l'eau chaude ou à l'eau froide ? Nous préférons la première formule qui fait se coaguler très vite les protéines de la viande et les empêche de passer dans le bouillon. Celui-ci aura bien sûr un peu moins de saveur, mais mieux vaut, à notre avis, préserver celle de la viande.

Les poissons dans l'eau

C'est leur élément, mais utilisez-en peu ; il faut qu'ils soient tout juste recouverts, mis à l'eau froide et cuits à eau à peine frémissante, sinon les poissons entiers se « défont » et les filets se recroquevillent.

L'autocuiseur

A 110-120 degrés, à l'abri de l'air et sous pression, les cuissons se font trois fois plus vite et cette rapidité réduit les pertes en vitamines des aliments. Dans l'autocuiseur vous ferez toutes les cuissons, essentiellement légumes et fruits frais ou secs, viandes et poissons.

Un conseil

Les modèles d'autocuiseurs sont multiples. Chacun est vendu avec un mode d'emploi à suivre scrupuleusement et un carnet de recettes bien étudiées. Ne cédez pas à la tentation de dépasser les quantités d'aromates indiquées, même si elles vous semblent très faibles, car dans l'autocuiseur, hermétiquement clos, une forte concentration des parfums se produit. Alors, ayez la main légère.

A la vapeur

Rien de tel pour révéler la vraie saveur des aliments... à condition qu'ils soient parfaitement frais et de bonne qualité. Le principe est simple : la vapeur émise par de l'eau en ébullition assure la cuisson. L'absence de contact avec le liquide permet de sauvegarder la totalité des vitamines. Vous cuirez ainsi légumes frais, fruits, filets de poisson, blancs de volaille émincés.

Les récipients de cuisson à la vapeur se sont multipliés

Vous trouverez des faitouts à plusieurs étages qui permettent des cuissons simultanées ou des cuiseurs en forme de corolle que l'on place dans n'importe quelle casserole contenant de l'eau en ébullition. Il en existe à tous les prix et de toutes dimensions. Important : mettez toujours un couvercle.

Pour parfumez vos préparations

Aromatisez l'eau qui dégagera ainsi des vapeurs dont les arômes seront transmis à l'aliment.

En papillotes

Facile à faire, amusante à servir, excellente à déguster et valeur nutritive des aliments parfaitement préservée : tels sont les quatre atouts de la cuisson en papillotes. Elle convient aux fruits, aux légumes, aux poissons, aux viandes et aux volailles. Il suffit d'envelopper l'aliment dans du papier d'aluminium ménager et de faire cuire au gril ou au four, à température très élevée. Le temps de cuisson dépend de la taille : par exemple 15 minutes pour un poisson de 200 grammes, 30 minutes pour des pommes de terre nouvelles, 20 minutes pour des blancs de volaille, 10 minutes pour une pomme-fruit.

Des « plus » dans les papillotes
Sel, poivre et aromates sur les aliments avant de les mettre en papillotes. Vous pouvez aussi les poser sur un lit de rondelles de citron et de tomates ou de fines herbes hachées.

Au gril

Les modèles les plus simples se posent directement sur la flamme du gaz ou sur des braises. Il en existe des doubles, très pratiques pour les barbecues. Mais pour les grillades « d'intérieur », les progrès dans le domaine des arts ménagers nous font aujourd'hui préférer les appareils à résistance électrique, qu'ils soient horizontaux ou verticaux. La plupart sont à revêtement antiadhésif, ce qui facilite les cuissons sans corps gras. En grillant, les aliments perdent les graisses qu'ils contiennent naturellement. Voilà pourquoi la grillade est la reine des régimes. Classiques, les viandes et les poissons grillés... Mais ainsi cuits, certains légumes sont exquis : têtes de champignon, tomates, tranches d'aubergine, poivrons par exemple, et encore des fruits coupés en tranches : pommes, bananes, oranges, passées dans un peu de sucre en poudre pour les caraméliser.

Les fameuses herbes de Provence
Usez-en mais n'en abusez pas. L'excès masque le goût des aliments. Et ne salez les viandes grillées qu'après cuisson pour leur garder leur saveur et leur mœlleux.

Revêtement antiadhésif pour toute la batterie de cuisine

Poêles, cocottes, plats à four, casseroles... tous les ustensiles traditionnels existent aujourd'hui avec intérieur antiadhésif permettant les cuissons sans matières grasses, sans que les aliments attachent. Commercialisés sous différentes appellations, les revêtements antiadhésifs ont en commun de n'avoir ni goût ni odeur.

On peut poêler « à sec » toutes les viandes de faible épaisseur, 2 centimètres environ pour les viandes blanches, 3 pour les rouges.

Une autre méthode consiste à faire cuire à feu doux, toujours à sec, des légumes émincés et de poser ensuite dessus une viande que l'on cuira alors à feu plus vif.

Préparez à la cocotte, toujours sans corps gras mais avec une louche ou deux de bouillon végétal, des « braisés » de viande et de légumes mélangés : morceaux de veau et petits oignons, petits pois, champignons, pommes de terre nouvelles ; bœuf et carottes. Essayez les filets de poisson cuits sur un lit de tomates, oignons, poivrons en lamelles, avec un rien de safran. Ou tout simplement de fins haricots verts mijotés avec de belles tomates pelées.

L'important, pour réussir ces cuissons, est de couvrir la cocotte, de régler le feu tout doux et de regarder de temps à autre s'il ne faut pas rajouter une goutte de liquide.

Attention à l'entretien !

Les revêtements antiadhésifs se nettoient très facilement à l'eau savonneuse. Mais ils n'aiment pas le contact du métal qui peut les détériorer : alors, pour eux, pas d'éponge métallique et pour « touiller » ou retourner, des cuillères et des spatules en bois.

Le römertopf

C'est une cocotte en argile brut à l'intérieur vernissé et fond à rainures qui empêchent les aliments d'attacher. Le récipient et le couvercle, sensiblement de mêmes dimensions, s'emboîtent hermétiquement. On verse un peu de liquide ou pas du tout et on met au four pendant un temps variable suivant les pièces à cuire. Ainsi, il faut compter 2 heures environ pour un gros poulet ou 2 kilos d'échine de porc que l'on peut cuire avec une garniture de pommes de terre ou autres légumes. Un lent mijotage à l'ancienne qui donne d'excellents résultats.

Bon à savoir

Il existe plusieurs tailles de Römertopf, du modèle « célibataire » au « familial » qui contient jusqu'à 10 kilos. Et aussi une « spéciale poisson ».

Le micro-ondes

Un achat encore lourd (environ 3 000 francs), bien que les prix aient diminué de moitié en un an. Mais c'est un appareil multiservices qui permet, entre autres, les cuissons sans matières grasses : légumes frais mis directement dans le plat de service avec un peu d'eau et coiffés d'une pellicule de plastique alimentaire, fruits entiers ou coupés en lamelles, viandes blanches et morceaux de volaille cuiront à cœur en un temps record, vitamines et saveur intactes.

Les petits « plus »

Un hachis d'ail et de persil sur les légumes après cuisson, de la confiture délayée dans un peu d'eau sur les fruits, des échalotes cuites dans du vinaigre sur les poissons. Quant aux viandes, tartinez-les de moutarde douce, à l'estragon, c'est délicieux.

VII. TOUT SUR LES MATIÈRES GRASSES

L es matières grasses alimentaires, dont le cholestérol fait partie, sont des combinaisons de glycérine et d'acides gras. Ces dernières proviennent soit de graisses animales — ce sont les acides gras insaturés —, soit de graisses végétales : on les appelle alors polyinsaturés. Les plus récents travaux ont démontré que la présence dans l'alimentation d'acides gras polyinsaturés contribue à une diminution du taux de cholestérol tandis que les saturés le font augmenter. Conclusion simple : ne consommer que des corps gras d'origine végétale, huiles et margarines.

Revenons en quelques lignes sur les acides gras polyinsaturés, car ils contiennent des acides gras essentiels, essentiels parce que l'organisme ne peut absolument pas s'en passer et ne sait pas en fabriquer.

Les 5 atouts santé des acides gras essentiels

1. Ils contiennent de l'acide linoléique qui abaisse de façon sensible le taux de cholestérol.

2. Ils sont indispensables à la constitution des cellules et à leur fonctionnement.

3. Ils interviennent dans l'édification du tissu nerveux aussi bien avant la naissance (pendant la croissance du fœtus) qu'après la naissance (entre 0 et 18 ans).

4. Ils sont nécessaires à l'intégrité de la peau et à la régénération des tissus blessés.

5. Ils contribuent à l'action de plusieurs hormones intervenant notamment sur la tension artérielle et le système nerveux.

Les huiles végétales

Choisissez selon votre goût, à condition qu'il s'agisse d'huiles végétales puisque ce sont elles seulement qui contiennent les acides gras essentiels. Toutes ont la même valeur énergétique, donc les unes et les autres apportent le même nombre de calories, 900 pour 100 grammes : bon à savoir en cas de régime amaigrissant. Mais toutes n'ont pas la même teneur en acide linoléique essentiel. Dans les cas d'excès de cholestérol ou de troubles cardio-vasculaires, il faut utiliser les huiles les plus riches en acide linoléique essentiel.

Une consommation variée des différentes huiles végétales qui sont sur le marché est la meilleure solution pour apporter à l'organisme les éléments qui lui sont nécessaires pour assurer ses rôles de digestion, de bon fonctionnement des cellules (cérébrales notamment), d'élimination du cholestérol, donc de risques de maladies cardio-vasculaires.

Tels sont les points essentiels qui ressortent des plus récentes études réalisées en France sur les huiles végétales dans l'alimentation des Français, travaux auxquels ont participé des personnalités scientifiques, telles que le professeur Bernard-Guy Grand, chef du Service de médecine et de nutrition de l'hôpital de l'Hôtel-Dieu, à Paris, et le professeur Jean-Marie Bourre, de l'hôpital Fernand-Widal.

Pour chaque huile végétale nous indiquons la teneur en acide linoléique, différente selon les huiles et variable pour une même huile en fonction du climat, du terrain et du mode de culture des graines utilisées.

L'huile de noix

Son goût prononcé fait qu'on en raffole ou qu'on la déteste. Extraite de la noix, elle en a les propriétés (vermifuge, antidiurétique) ; sa teneur en *acide linoléique : 69 à 78 %*. Pour emplois crus uniquement, elle convient aux salades de pommes de terre, d'endives, de légumes secs, relevés de hachis d'oignons ou d'échalotes. Un inconvénient : elle rancit assez rapidement, prend alors un goût désagréable et devient purgative.

L'huile de carthame
63 à 72 % d'acide linoléique, riche en vitamine E. Ne supporte pas la cuisson. Parfaite pour tous les assaisonnements de légumes crus ou cuits.

L'huile de tournesol
100 % végétale, extraite des grands soleils, ces belles fleurs géantes jaune d'or, *50 à 75 % d'acide linoléique,* une bonne huile multi-usages. 0 % de cholestérol, 50 milligrammes pour 100 grammes de vitamine E qui prévient le vieillissement des cellules et participe à la fonction de fécondité.

L'huile de maïs
Elle est extraite du germe renfermé dans la graine. Il faut 1 tonne de grains pour obtenir 25 litres d'huile. Riche en vitamine E (39 milligrammes pour 100 grammes), *50 à 60 % d'acide linoléique.* A utiliser en assaisonnement comme pour les cuissons.

L'huile de soja
Extraite d'un haricot d'Asie, son usage se répand de plus en plus. Sans saveur particulière, 0 % de cholestérol, très digeste, ses *53 % d'acide linoléique* en font l'une des vedettes du régime anticholestérol. Elle ne peut être utilisée qu'à froid. Parfaite pour les salades de poisson et de riz, les mélanges de germes de soja et de fruits ou de légumes auxquels vous ajouterez de la ciboulette hachée.

L'huile de pépins de courge
48 % d'acide linoléique. Calmante, laxative, reminéralisante. A consommer exclusivement crue.

L'huile de sésame
44 % d'acide linoléique, elle donne du tonus au système nerveux. A consommer crue. Pour assaisonner salades de riz, de pommes de terre, de frisée, de batavia, auxquelles on ajoute des grains de sésame grillés.

L'huile d'arachide
Finie la guerre contre cette huile accusée d'être toxique et même cancérigène. Depuis 1976, des mesures ont été prises pour que soient éliminées des graines d'arachide toutes traces de substances nocives. Donc une huile sûre, contenant *17 % d'acide linoléique,* l'une des plus couram-

ment employées car elle convient à tous les usages : cuisson, assaisonnement à froid.

L'huile de colza
Extraite de graines largement cultivées en France, composée à 100 % de colza, sans aucun additif, une huile fluide à saveur douce, riche en vitamine E, 65 à 80 milligrammes pour 100 grammes, selon la provenance des graines. Sa teneur en *acide linoléique : 23 %*. En achetant, regardez bien l'étiquette : elle doit mentionner « nouvelle huile de colza » car elle est très différente des anciennes productions. Spécialement recommandée pour tous les usages à froid : sauces salades et crudités. A conserver à l'abri de la lumière et de la chaleur.

L'huile d'olive
Plus ou moins fruitée, selon les provenances, c'est une véritable huile de santé par ses effets bénéfiques sur le foie et le fonctionnement intestinal. Mais sa faible teneur en *acide linoléique, 8 à 12 %* fait qu'elle n'arrive pas à abaisser le taux de cholestérol. Cependant, elle ne contribue pas à l'augmenter.

L'huile de noisette
Un petit goût de noisette, toujours de première pression à froid, elle ne supporte pas la cuisson mais assaisonne délicieusement les salades tendres, les jeunes feuilles d'épinards crues, les salades composées. De *7,3 % à 24,6 % d'acide linoléique*.

L'huile de pépins de raisin
Avec ses *60 à 69 % d'acide linoléique,* une excellente huile anticholestérol. Convient à tous les usages culinaires.

Les margarines

Le beurre, graisse d'origine animale, est banni du régime anticholestérol.

Il existe des pâtes à tartiner moins riches en matières grasses, 41 % au lieu de 82 %, pour tartiner et utiliser à cru. Elles ressemblent à du beurre. De nombreuses marques sur le marché. Parmi elles Sylphide de table, Elle-et-Vire, Saint-Hubert 41, Lesieur Tartine. Toutes contiennent de la vitamine A.

166

Mais dans le régime anticholestérol mieux vaut utiliser des margarines. Elles se composent à 82 % d'un mélange d'huiles végétales, plus de l'huile de poisson (hareng et anchois) et du saindoux auxquels s'ajoutent lait, le plus souvent écrémé et en très faible quantité, eau, sel, sucre et amidon de maïs ou riz ou fécule de pommes de terre. La teneur en acides gras essentiels des margarines dépend de celle des huiles végétales qui entrent dans leur composition. Elles peuvent donc entrer dans le régime anticholestérol, sauf s'il s'agit de personnes dont le taux dépasse les 3 grammes. Les margarines diététiques sont alors recommandées. A noter que la valeur énergétique des margarines est d'environ 745 calories pour 100 grammes.

Les margarines diététiques
- *Carole Vitaol*

Une margarine importée des Pays-Bas, 100 % végétale. Composition : 78,8 % d'huile de tournesol, 19 % d'huile concrète de palmiste, 2 % d'huile concrète de palme, 0,2 % de fécule. Ni colorant ni sel. Minimum 50% d'acides gras polyinsaturés. A utiliser en tartines.

- *Vitaquel*

Composée de 100 % d'huiles végétales : maïs, tournesol et germe de blé, elle contient 48 % d'acide linoléique. A n'utiliser qu'à cru, pour remplacer le beurre. Importée d'Allemagne.

- *Wessana*

Une margarine importée des Pays-bas, composée de 100 % d'huiles végétales : carthame, tournesol, palme, palmiste, germe de blé, noix, etc. Sans sel. 48 % d'acide linoléique.

VIII. LES SPÉCIALITÉS DIÉTÉTIQUES

Extraits de soja à l'huile de carthame Biorama
43 % de lécithine de soja, 21 % d'huile de carthame et
36 % de gélatine sous forme de capsules à avaler 4 à 6 fois
par jour pour aider à la dissolution des graisses.

Fromage Slinkg
Une pâte à tartiner qui existe en trois versions : fromage,
fromage et jambon, fromage et oignons. Un produit hollandais basses calories : 130 pour 100 grammes. Composition
pour 100 grammes : protides 17 grammes ; lipides
6 grammes ; glucides 2 grammes.

Pur jus de radis noir Superdicta
Le radis noir, comme son très proche cousin le raifort,
est un aliment doué de propriétés anticholestériques. Il renferme des sels minéraux, magnésium, fer, calcium. Très actif
sous forme de jus difficile à préparer soi-même, il existe
en ampoules à consommer pur ou dilué.

Lécithine de soja Naturovit
Entièrement végétale, 0 % de cholestérol, très riche en
phospore, elle a le pouvoir de disperser les particules graisseuses. Présentée en granulés à ajouter à des céréales, à
des soupes, à des boissons.

Soyavit
Des boulettes 100 % végétales à la farine de soja dégraissé.
Matières grasses 1%. Protides 50 %. 112 calories aux
100 grammes. A mélanger à des sauces, à des steaks
hachés.

Graines de tournesol Choresse

Riches en acides gras insaturés et particulièrement en acides linoléique, à ajouter au muesli, aux potages ou à grignoter comme des noix ou des amandes. Composition pour 100 grammes : protides 27 grammes, lipides 52 grammes, glucides 11 grammes ; calories 629 pour 100 grammes.

Croque Tofou

Steaks de soja et de flocons d'avoine, avec huile de tournesol, herbes aromatiques et olives noires ou vertes à réchauffer à feu doux, sans matières grasses, au four, à la poêle antiadhésive. 100 % végétal, 0 % de cholestérol. Présenté par deux, poids total 160 grammes. Existe également aux champignons, au maïs-poivron.

Soya Dessert Provamel

100 % végétal, préparé à partir de graines de soja. 0 % de cholestérol, 3 % de cacao dégraissé, 95 calories aux 100 grammes, un dessert tout prêt. Existe également à la vanille.

IX. LES REMÈDES DE BONNE FEMME ET LES ÉPICES

Les remèdes de bonne femme

Ils sont le fruit de l'expérience transmise à travers les générations que l'on aurait tort de négliger en notre ère scientifique.

LES TISANES

L'aubépine
En infusion : 50 grammes de fleurs d'aubépine dans 1 litre d'eau bouillante. Laissez infuser 10 minutes.
Prendre trois tasses par jour avant les repas.

Le pissenlit
En décoction : utiliser les feuilles et les racines. En faire tremper 40 grammes dans 1 litre d'eau froide pendant 2 heures, puis chauffer jusqu'à ébullition, laissez bouillir 2 minutes et laisser infuser 15 minutes.
Prendre trois tasses par jour, avant les repas.

Le boldo
Plus connue pour ses effets sur le foie, cette plante a également une action sur le cholestérol.
En infusion : avant les repas ou le matin à jeun : 10 grammes de boldo par litre d'eau.
Prendre deux tasses par jour.
Contre-indications : crises hépatiques graves.

L'aubier de tilleul sauvage

L'aubier est le bois tendre qui se trouve entre l'écorce et le cœur de l'arbre.

En décoction : une cure de dix jours tous les deux mois. Faire macérer 40 grammes d'aubier de tilleul sauvage pendant 24 heures dans 1 litre d'eau. Faire ensuite bouillir jusqu'à réduction de 1/3 du volume du liquide. On obtient ainsi la quantité à consommer en deux jours.

Prendre froid ou tiède une tasse à jeun le matin et le reste entre les repas.

LES CURES D'HUILE

Une ou deux cuillerées à soupe le matin à jeun, pendant quinze jours par mois, contribuent à la normalisation du taux de cholestérol. Les huiles de maïs, d'olive, de tournesol, de noix, de soja, de pépins de raisin sont efficaces à condition qu'il s'agisse de variétés dites « première pression à froid », mention qui doit obligatoirement figurer sur l'étiquette. Mais n'oubliez pas de tenir compte de cet apport de lipides dans le calcul de votre ration quotidienne.

Les épices et les aromates

Ils rehaussent le goût des aliments sans apporter ni cholestérol ni calories.

L'aneth
En graines ou en feuilles fraîches pour marinades de poisson.

L'anis vert
En grains séchés pour soupes de poisson et poissons grillés.

Le basilic
Frais ou séché pour salades, courts-bouillons, potages, pâtes.

Le céleri
Frais ou en poudre pour viandes, tomates cuites ou crues.

Le cerfeuil
Feuilles pour potages, légumes, salades, fromage blanc.

La ciboulette
En tiges pour salades, fromage blanc.

La coriandre
En graine ou en poudre pour choux cuits ou crus.

Le cumin
En graines ou en poudre pour choux cuits ou crus.
Le curcuma
En poudre pour riz et poissons.
Le curry
En poudre pour riz, volailles, poissons.
L'estragon
Frais ou séché pour salades et viandes .
Le fenouil
En graines pour poissons grillés.
Le laurier
Courts-bouillons, bouquet garni, soupes.
La marjolaine ou origan
En feuilles séchées pour sauce tomate, salades.
La noix de muscade
Noix entière à râper ou à gratter et poudre pour purées de pommes de terre, choux.
Le paprika
En poudre pour fromages blancs.
Le raifort
Râpé, pour viande et sauces salades.
Le romarin
Séché, à effeuiller sur viandes et volailles.
Le safran
Pour riz, soupes de poisson et poissons.
La sarriette
En rameaux pour légumes secs, marinades, fromages, concombres.
La sauge
Feuilles fraîches ou séchées pour viandes blanches et volailles.
Le thym
En branchettes ou en poudre pour court-bouillon, bouquet garni, viandes rouges.

X. COMMENT CALCULER VOTRE POIDS IDÉAL

*N*ous l'avons vu, cholestérol et excès de poids se combinent souvent. Si tel est le cas, calculez non seulement le taux de cholestérol contenu dans les aliments que vous consommez mais aussi leur nombre de calories.

Tout d'abord, assurez-vous qu'il est pour vous nécessaire de perdre des kilos. Comment ? Tout simplement en calculant votre poids idéal et quand vous dépassez de 10 % ce poids, alors attention aux calories.

La formule des docteurs Huet et Goldewski

Ces deux médecins ont mis au point une formule qui permet de calculer soi-même son poids idéal :

Poids idéal = TU + A — 2 T.

TU représente le nombre de centimètres qui suit l'unité dans la mesure de la taille, A le nombre de dizaines d'années du sujet, et T le nombre de décimètres qui suit l'unité dans la mesure de la taille.

Par exemple, prenons une femme de vingt ans mesurant 1,62 m. Son poids idéal sera : 62 + 2 — 12 = 52 kilos.

Le poids idéal calculé suivant l'ossature

L'ossature est l'ensemble des os, c'est-à-dire la charpente du corps. Certaines personnes ont des os menus, d'autres des os plus lourds. On reconnaît l'importance de l'ossature à la finesse ou à l'épaisseur des attaches, chevilles et poignets et à la carrure plus ou moins large.

Poids idéal pour les femmes

Taille	Ossature légère	Ossature moyenne	Ossature lourde
148	40,0-44,8	43,8-48,9	47,4-54,3
150	42,7-45,9	44,5-50,0	48,2-55,4
152	43,4-47,0	45,6-51,0	49,2-56,5
154	44,4-48,0	46,7-52,1	50,3-57,6
156	45,4-49,1	47,7-53,2	52,3-58,6
158	46,5-50,2	48,8-54,3	52,4-59,7
160	47,6-51,2	49,9-55,3	53,5-60,8
162	48,7-52,3	51,0-56,8	54,6-62,2
164	49,8-53,4	52,0-58,2	55,9-63,7
166	50,8-54,6	53,3-59,8	57,3-65,1
168	52,0-56,0	54,7-61,5	58,8-66,5
170	53,4-57,3	56,1-62,9	60,6-69,3
172	54,8-58,9	57,5-64,3	61,6-69,3
174	56,3-60,3	59,0-65,8	63,1-70,8
176	57,7-61,9	60,4-67,2	64,5-72,3
178	59,1-63,6	61,8-68,6	65,9-74,1
180	60,5-65,1	63,3-70,1	67,3-75,9
182	62,0-66,5	64,7-71,5	68,8-77,7
184	63,4-67,9	66,1-72,9	70,2-79,5

Poids idéal pour les hommes

Taille	Ossature légère	Ossature moyenne	Ossature lourde
157	50,2-54,2	53,3-58,2	56,9-63-7
160	52,2-55,8	54,9-60,3	58-5-65,7
165	54,9-58,5	57,6-63,0	61,2-68,9
170	57,9-62,0	60,7-66,6	64,3-72,9
175	61,5-65,6	64,2-70,6	68,3-76,9
180	65,1-69,6	67,8-74,5	71,9-80,9
185	68,6-73,2	71,4-79,0	75,9-85,4
190	72,2-77,2	75,3-83,5	80,3-89,8
195	75,8-80,8	79,8-87,9	84,0-94,3

Vous remarquerez que ces poids ont été établis sans préoccupation de l'âge, car la médecine moderne affirme que, pour se maintenir en bonne forme, il faut peser toute sa vie le même poids qu'à 25 ans. Pour parvenir à un tel résultat, une seule règle : consommer moins à 50 qu'à 25 ans. Consommer moins, c'est-à-dire absorber moins de calories.

Combien de calories par jour ?

Pour vous aider à définir vos besoins quotidiens en calories, voici trois tableaux. Vous chercherez d'abord le mode de vie qui se rapproche le plus du vôtre. Quand vous l'aurez trouvé, vous pourrez, en tenant compte de votre âge et de votre poids, connaître avec précision le nombre de calories que vous devez absorber, chaque jour.

Si vous avez une activité physique modérée
Si vous marchez, si votre travail vous oblige à vous déplacer, à manipuler certains objets, à monter des escaliers et si, de plus, vous faites un peu de sport, une partie de tennis hebdomadaire par exemple, ou que vous êtes une femme au foyer « qui fait tout dans la maison », vous avez une activité physique modérée.

Poids idéal par rapport à votre âge	Apport calorique quotidien si vous avez une activité physique modérée		
kilos	25 ans	45 ans	65 ans
50	2 450	2 200	2 000
55	2 700	2 550	2 150
60	2 850	2 700	2 250
65	3 000	2 800	2 350
70	3 200	3 000	2 550
75	3 400	3 200	2 700
80	3 550	3 350	2 800
85	3 700	3 500	2 900
90	3 800	3 600	3 000

Si vous avez une activité sédentaire
Si vous vous levez pour aller à votre bureau directement et en voiture, si vous déjeunez rapidement, si vous travaillez

tout l'après-midi assis et revenez le soir chez vous pour dîner et dormir, et si vous ne pratiquez aucun sport, l'on peut considérer que vous avez une activité sédentaire.

Poids idéal par rapport à votre âge	Apport calorique quotidien si vous êtes sédentaire		
kilos	25 ans	45 ans	65 ans
50	1 900	1 700	1 500
55	2 100	1 900	1 600
60	2 200	2 000	1 700
65	2 250	2 100	1 800
70	2 400	2 200	1 900
75	2 550	2 350	2 100
80	2 650	2 500	2 200
85	2 800	2 600	2 300
90	2 850	2 700	2 400

Si vous avez une activité physique intense

Si vous faites un travail manuel de force, ou si vous pratiquez quotidiennement un sport, vous avez une activité physique intense.

Poids idéal par rapport à votre âge	Apport calorique quotidien si vous avez une activité physique intense		
kilos	25 ans	45 ans	65 ans
55	3 400	3 200	2 700
60	3 550	3 350	2 850
65	3 750	3 500	2 950
70	4 000	3 750	3 200
75	4 250	4 000	3 400
80	4 450	4 200	3 500
85	4 600	4 350	3 600
90	4 750	4 500	3 750

Calculez vos besoins en calories

Si votre poids ne figure pas dans ces tableaux, livrez-vous à un petit calcul pour déterminer vos besoins en calories. Voici les formules de ce calcul :

Les quantités de calories quotidiennes à consommer :
— A 25 ans = 525 + 27 fois votre poids idéal ;
— A 45 ans = 475 + 24,5 fois votre poids idéal ;
— A 65 ans = 400 + 20,5 fois votre poids idéal.

Par exemple : si vous avez 25 ans et que vous mesurez 1,68 mètre avec une ossature légère, votre poids idéal étant de 52 kg, vous devrez consommer :

525 + (27 × 52) = 1 929 calories par jour.

XI. LA TENEUR EN CHOLESTÉROL DES ALIMENTS

La teneur en cholestérol est donnée pour 100 grammes d'aliments.

Les poissons, les coquillages et les crustacés

Les poissons frais

Anchois frais	80
Bar	65
Cabillaud	50
Colin	60
Daurade	75
Eglefin	64
Hareng	80
Lieu	70
Limande	50
Maquereau	80
Merlan	55
Morue	50
Poisson pané surgelé	58
Raie	65
Roussette	60
Sardine	70
Saumon	57
Sole	50
Thon	55
Truite	55
Turbot	62

Les poissons fumés et en conserve

Anchois en conserve	75
Caviar et œufs de poisson	300
Sardines à l'huile	120
Sardines sauce tomate	100
Saumon fumé	70
Sprats	170
Thon en conserve	55

Les coquillages et les crustacés

Coquilles saint-jacques	70
Crabe	125
Crevettes	226
Homard	200
Huîtres	200
Langouste	208
Moules	50

Les viandes et les volailles

L'agneau

Côtelette	70
Epaule	70
Gigot	70

Le bœuf

Bifteck maigre	91
Culotte	65
Entrecôte	65
Faux-filet	91
Filet	65
Gîte	65
Morceaux à braiser	91
Paleron	65
Romsteck	91

Le cheval

Steak	78

Le mouton

Côtelette	78
Epaule	78
Gigot	78
Morceaux à ragoût	95

Le porc

Côte	110
Rôti	89

Le veau

Côte	99
Escalope	99
Flanchet	100
Jarret	99
Noix	99
Tendron	110

Les abats

Cervelle d'agneau	2 400
Cervelle de veau	1 810
Cœur de bœuf	150
Foie de génisse	300
Foie de porc	340
Foie de veau	314
Langue de bœuf	140
Langue de mouton	150
Langue de veau	150
Ris de veau	225
Rognons de mouton	400
Rognons de porc	365
Rognons de veau	400
Tripes	150

Les volailles

Canard	110
Dinde	90
Lapin	91

Poule	75	Pâté de foie de canard	
Poulet	91	et de porc	200
		Pâté de foie d'oie	300
La charcuterie		Petit salé	100
Boudin	100	Rillettes	100
Jambon cuit	89	Saucisse de Francfort	100
Jambon fumé	62	Saucisse de Strasbourg	100
Pâté de campagne	250	Saucisse pur porc	100
		Saucisson	100

Les légumes

Les légumes frais		Haricots verts	0
ou en conserve		Laitue	
Ail	0	et toutes salades vertes	0
Artichaut	0	Macédoine de légumes	
Asperge	0	en conserve	0
Aubergine	0	Maïs	0
Betterave	0	Navet	0
Brocoli	0	Oignon	0
Carotte	0	Poireau	0
Céleri branche	0	Poivron	0
Céleri-rave	0	Petits pois	0
Champignons	0	Pommes chips	0
Choucroute au naturel	0	Pommes de terre	0
Chou-fleur	0	Potiron	0
Chou rouge	0	Radis	0
Chou vert	0	Radis noir	0
Choux de Bruxelles	0	Raifort	0
Concombre	0	Salsifis	0
Courgette	0	Tomate	0
Cresson	0		
Endive	0	**Les légumes secs**	
Epinard	0	Haricots	0
Flageolets	0	Lentilles	0
Haricots blancs	0	Pois cassés	0

Les fruits

**Les fruits frais
ou en conserve**

Abricots frais	
ou en conserve	0
Amandes	0
Ananas frais	0
ou en conserve	0
Avocat	0
Banane	0
Brugnon	0
Cassis	0
Cerise	0
Citron	0
Clémentine	0
Datte	0
Figue	0
Fraise	0
Framboise	0
Groseille	0
Mandarine	0
Mangue	0
Marrons	0
Melon	0
Nectarine	0
Noisettes	0
Orange	0
Pamplemousse	0
Papaye	0
Pastèque	0
Pêche	0
Poire	0
Pomme	0
Prune	0
Pruneaux	0
Raisin	0
Rhubarbe	0

Les fruits secs

Amandes	0
Cacahuètes	0
Dattes	0
Figues	0
Noisettes	0
Noix	0

Les céréales et dérivés

Biscottes	0
Biscuits à la cuillère	0
Biscuits au beurre	90
Biscuits au chocolat	225
Biscuits secs sans œufs	
ni beurre	0
Brioche à la levure,	
sans beurre	0
Flocons d'avoine	0
Gaufrettes	0
Germe de blé	0
Muesli	0
Pain complet	0
Pain courant	0
Pain de seigle	0
Pâtes	0

Pâtes aux œufs	31	Riz brun	0
Raviolis sauce tomate		Riz complet	0
en conserve	0	Semoule	0
Riz blanc	0	Tapioca	0

Les produits laitiers

Les produits laitiers		**Les fromages**	
Beurre	250	Bonbel	102
Crème fraîche	250	Camembert	92
Crème à 30 %		Cantal	92
de matières grasses	106	Chèvre	91
Fromage blanc	106	Comté	100
Fromage blanc à 30 %		Coulommiers	92
de matières grasses	25	Crème de gruyère	102
Fromage blanc à 0 %		Edam	92
de matières grasses	3	Gouda	102
Lait entier	14	Gruyère	100
Lait demi-écrémé	9	Hollande	102
Lait écrémé	3	Livarot	102
Lait concentré sucré	34	Munster	91
Petits-suisse à 0 %	8,80	Parmesan	91
Petit-suisse	40	Pont-L'Evêque	102
Petit-suisse à 30 %		Port-Salut	102
de matières grasses	30	Roquefort et autres	
Yaourt nature	13	fromages « bleus »	87
Yaourt aux fruits	13	Saint-paulin	92
Yaourt à 0 %			
de matières grasses	0		

Les œufs

Blanc d'œuf	0	Œuf entier	550

Les matières grasses

Beurre	250	Huile de soja	0
Beurre allégé	120	Huile de tournesol	0
Lard	100	Margarines dures	traces
Huile d'arachide	0	Margarines semi-dures	traces
Huile de colza	0	Margarines molles	traces
Huile de maïs	0	Saindoux	100
Huile d'olive	0		

Le sucre et les produits sucrés

Chocolat au lait	74	Miel	0
Chocolat noir	74	Nougat	0
Chocolat en poudre soluble	0	Pâte d'amandes	0
Compote	0	Pâtes de fruits	0
Confiture	0	Poudre chocolatée	0
Glace au lait et aux œufs	106	Pralines	0
Marrons glacés	0	Sorbet	0
		Sucre blanc ou roux	0
		Vergeoise	0

XII. LA TENEUR EN CALORIES DES ALIMENTS

Le nombre de calories est donné pour 100 grammes d'aliments.

Les poissons, les coquillages et les crustacés

Les poissons frais

Anchois	164
Anguille	281
Bar	92
Brochet	82
Cabillaud	70
Carpe	115
Carrelet	65
Colin	85
Daurade	78
Eglefin	70
Flétan	102
Hareng	208
Limande	73
Loup	92
Maquereau	180
Merlan	69
Morue	73
Raie	89
Rouget	83
Roussette	85
Sardine	125
Saumon	202
Sole	73
Thon	226
Truite	96
Turbot	118
Poisson pané surgelé	85

Les poissons fumés et en conserve

Anchois à l'huile	227
Anguille fumée	328

Caviar		Les coquillages et les crustacés	
et œufs de poisson	280	Coquille saint-jaques	79
Hareng au vin blanc	215	Crabe en conserve	97
Maquereau		Crabe frais	81
au vin blanc	205	Crevettes	95
Sardines à l'huile	228	Homard	87
Sardines sauce tomate	200	Huîtres	120
Saumon fumé	170	Langouste	87
Sprats	220	Moules	96
Thon à l'huile	295		
Thon au naturel	246		

Les viandes et les volailles

L'agneau		**Le porc**	
Côtelette	348	Côte	336
Epaule	289	Filet	164
Gigot	234		
		Le veau	
Le bœuf		Côte	112
Côte	227	Epaule	108
Entrecôte	256	Escalope	96
Faux-filet	238	Filet	95
Filet	238	Jarret	97
Morceaux à braiser	260		
Morceaux		**Les abats**	
pour pot-au-feu	260	Cervelle d'agneau	120
Romsteck	238	Cervelle de bœuf	117
		Cervelle de veau	118
Le cheval		Cœur de bœuf	124
Steak	109	Cœur de veau	113
		Foie d'agneau	131
		Foie de génisse	130
Le mouton		Foie de porc	135
Côtelettes	225	Foie de veau	168
Epaule	289	Langue d'agneau	134
Gigot	234	Langue de bœuf	209
Morceaux pour sautés	350		

Langue de mouton	134	Pintade	130
Langue de porc	225	Poule	257
Langue de veau	134	Poulet	180
Ris de veau	114		
Rognons d'agneau	101	**La charcuterie**	
Rognons de mouton	104	Andouillette	317
Rognons de porc	115	Boudin	480
Rognons de veau	138	Jambon blanc	172
		Jambon fumé	150
Les volailles		Rillettes	600
Canard	227	Salami	411
Dinde	214	Saucisse de Francfort	240
Foie de poulet	136	Saucisse de Toulouse	450
Lapin	154	Saucisson de Lyon	310
Oie	342		

Les légumes

Les légumes frais		Cresson	22
Ail	140	Endive	17
Artichaut	63	Epinard	20
Asperge	20	Fenouil	33
Aubergine	30	Haricots verts	35
Bette	32	Laitue	16
Betterave cuite	45	Mâche	36
Brocoli	25	Navet	30
Carotte	42	Oignon	45
Céleri branche	22	Persil	
Céleri-rave	18	(1 cuillerée à soupe)	1
Champignons	16	Petits pois	98
Chou	24	Piment	20
Choucroute	22	Poireaux	15
Chou-fleur	25	Poivron	26
Chou rouge	24	Pommes de terre	91
Choux de Bruxelles	47	Potiron	30
Concombre	16	Radis	60
Courgette	31	Radis noir	62

Raifort	62	Haricots blancs	338
Scarole	25	Lentilles	339
Tomate	11	Pois cassés	344

Les légumes secs
Flageolets   320

Les fruits

Les fruits frais		Papaye	44
Abricot	51	Pastèque	30
Ananas	55	Pêche	46
Avocat	185	Poire	63
Banane	90	Pomme	58
Brugnon	64	Prune	56
Cerise	61	Pruneau	293
Citron	43	Raisin	66
Figues	270	Rhubarbe	28
Fraises	37	**Les fruits secs**	
Framboises	57	Amandes sèches	600
Groseilles	55	Cacahuètes	560
Mandarine	52	Dattes	284
Mangue	62	Figues	272
Melon	31	Noisettes	656
Orange	54	Noix	630
Pamplemousse	44	Pruneaux	290

Les céréales et dérivés

Pain complet	239	Grains de maïs	85
Pain de blé blanc	245	Pain d'épice	355
Pain de seigle	240	Pâtes aux œufs	156
Biscottes	360	Pâtes sans œuf	149
Biscuits secs	410	Riz blanc	352
Flocons d'avoine	400	Riz brun	338
Germe de blé	361	Riz complet	345

Les produits laitiers

Les produits laitiers

Beurre	752
Crème fraîche	300
Crème à 35 %	294
Fromage blanc	110
Fromage blanc écrémé	44
Lait condensé sucré	346
Lait condensé non sucré	157
Lait en poudre entier	500
Lait frais entier	67
Yaourt	46
Yaourt 0 %	37
Yaourt aux fruits	92

Les fromages

Bonbel	327
Brie	330
Camembert	300
Cantal	385
Chèvre	360
Comté	396
Coulommiers	277
Crème de gruyère	392
Edam	331
Gruyère	391
Hollande	375
Livarot	354
Munster	330
Parmesan	389
Pont-L'Evêque	311
Port-Salut	360
Roquefort	360
Saint-paulin	365

Les œufs

Blanc d'œuf	15	Jaune d'œuf	71
Entier de 50 g	78		

Les matières grasses

Beurre	752	Margarine	760
Huiles	900	Saindoux	778
Lard	570	Végétaline	886

Le sucre et les produits sucrés

Bonbons de sucre cuit	380	Marmelade	300
Cacao en poudre	480	Marrons glacés	306
Cacao sucré	424	Mélasse	250
Caramels	408	Miel	304
Cassonade	386	Nougat	392
Chocolat à la crème	440	Pastilles	380
Chocolat à pâtisser	525	Pâtes d'amandes	491
Chocolat au lait	550	Pâtes de fruits	328
Chocolat noir	526	Petit déjeuner	
Chocolat praliné	529	chocolaté (moy.)	385
Confitures, gelées	280	Poudre chocolatée	392
Dragées	560	Pralines	560
Fondants	380	Sirops (non dilués)	332
Fruits confits	360	Sorbet	90
Glace au lait		Sucre blanc ou roux	400
et aux œufs	450	Vergeoise	250
Guimauve	382		

XIII. CONCLUSION

*U*ne recommandation importante du professeur Jean-Luc de Gennes, à respecter absolument : le dépistage systématique du cholestérol dès l'adolescence. Une simple analyse de sang pratiquée au moins une fois par an de façon à pouvoir agir dès que cela est nécessaire, par un régime approprié, et, dans les cas graves, un traitement médicamenteux que seul le médecin peut instaurer.

D'une manière générale, diminuer la consommation de viande — le Français en mange trop, en moyenne 110 kilos par an — et de tous les aliments qui apportent une surcharge graisseuse. Consommer en revanche davantage de farineux, pain, pommes de terre et légumes secs.

Une autre façon de se nourrir sans pour autant renoncer au plaisir de la bonne cuisine.

Affiché partout aux Etats-Unis
ce panneau avertit les Américains
qu'ils doivent faire baisser leur taux de cholestérol

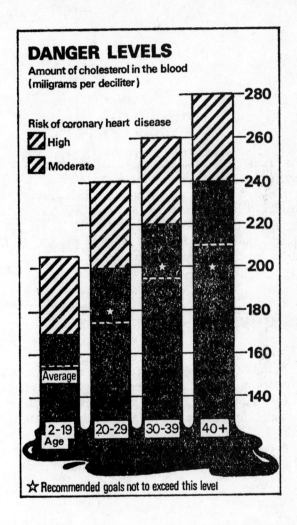

191

ANNEXE

L es plus récentes informations et recommandations concernant le cholestérol ont été exposées au Congrès de Bethseda (Etats-Unis) en décembre 1984. Elles résultaient de dix ans d'études effectuées sur 400 000 personnes. C'est la première enquête d'une telle envergure et cet extrait du document publié à l'issue du congrès permet de faire le point sur les connaissances actuelles.

Les questions débattues

1. Existe-t-il une relation de cause à effet entre le cholestérol et les maladies cardiaques ?

2. Une réduction du taux de cholestérol entraîne-t-elle une diminution de la fréquence et de la gravité de la maladie ?

3. A partir de quel taux de cholestérol doit-on opter pour un traitement diététique ou médicamenteux ?

Les conclusions

1. Il n'est pas normal pour un adulte d'avoir un taux de cholestérol supérieur à 200 mg. Les taux considérés comme normaux parce que couramment répandus (220 à 240 mg chez les Américains contre 190 mg chez les Japonais) sont trop élevés et responsables de la *mortalité cardio-vasculaire*.

Il convient de :

Ne pas dépasser
— 180 mg entre 20 et 30 ans
— 200 mg à 30 ans et plus

Prendre des mesures sévères pour un taux de :
— 240 mg à 30 ans et plus
— 220 mg entre 20 et 30 ans
— 185 mg en-dessous de 20 ans

2. Un taux de cholestérol élevé est une *cause* majeure de maladie cardio-vasculaire pour les hommes comme pour les femmes. Réduire ce taux de cholestérol permet de réduire le risque cardio-vasculaire.

On sait en effet :
— qu'un abaissement de 1 % du taux de cholestérol réduit le risque de 2 % ;
— qu'il y a peu de maladies cardio-vasculaires chez les sujets dont le taux de cholestérol est faible, même en présence d'autres facteurs de risque comme l'hypertension et le tabac ;
— que l'accident cardiaque n'est pas une conséquence inéluctable de l'âge. Les personnes dont le taux est inférieur à 150 mg ne souffrent pas de maladies cardio-vasculaires ;
— que les personnes dont le taux de cholestérol est inférieur à 150 mg consomment peu de graisses saturées. La modification du régime alimentaire est la première et la plus importante mesure à prendre.

RECETTES

Hors-d'œuvre, potages et entrées

Poissons et crustacés

Viandes et volailles

Légumes

Desserts

TABLE